都市・建築安全性の
社会工学

安全評価と安全水準設定の理論

青木義次

大学教育出版

はじめに

　建築基準法や消防法では、建築安全性に関する各種の規定で、それを満足しない建築物の建設を防止し、建設される建築の安全性の水準を維持している。ここに、2つの重要な問題が存在している。1つは、規定で維持しようとする安全水準をどう設定するかという問題である。もう1つは、その安全水準を越えているかどうかを判定する手続きをどうしたらよいかという問題である。
　この2つの問題は、実際には、多くの専門家によって審議されており、最新の工学的知見と経験が反映されている。
　しかし、望ましい安全水準をどう設定するかという問題では、物理的特性などの狭い意味での工学的知見だけでは解決しえない点もある。人間がリスクをどこまで許容するのかといった非物理学的問題が絡むからである。安全性の評価についても、建築空間の使用形態や人間の心理的側面など、狭い意味での工学の範囲を越えた問題が関係している。
　以上のように、安全水準設定の問題と安全評価の問題は、狭い意味での工学の範囲を越えた検討が必要になっている。しかしながら、物理的要因に係わる問題については、科学的で明快な議論で検討されてきているものの、狭い意味での工学の範囲を越えた問題については、専門家の意見も、主観的知見に終始したり、論理的に不明解な議論がなされることもある。
　安全水準設定の問題と安全評価の問題を、より明快な議論のもとで解決していくために、狭い意味での工学の範囲を越えた議論の枠組みが必要であろう。いわば、安全水準設定と安全評価の科学とでも呼ぶべきものの確立が必要である。
　本書は、安全水準設定と安全評価の科学への第一歩を纏めたものであり、残念ながら、安全水準設定と安全評価の問題を解決する決定版ではない。
　第1章から第3章で、安全水準設定の問題と安全評価の問題を議論すると

きに必要な基礎知識をまとめた。

　第4章では、安全評価判定の基礎理論を構築する。第5章では、規制すべき安全水準の設定理論を構築する。この2章は、安全評価と安全水準設定の基礎となるもので、一般性を持たせるために、やや抽象的な記述にならざるを得ないが、例を当てはめて考えれば理解を助けると思う。

　第6章以下では、建築に関する安全評価、安全水準設定の具体的問題を取り上げ、建築安全性の規定のあり方に言及したものである。

2014年8月

青木義次

都市・建築安全性の社会工学
―― 安全評価と安全水準設定の理論 ――

目　次

はじめに ……………………………………………………………… 1

第1章 建築安全の評価と水準設定の役割 ……………………… 9
1.1 安全認識の差異と共通基盤　*10*
1.2 安全水準と安全規制　*11*
1.3 市場原理の限界　*11*
1.4 安全評価と安全水準設定の科学的方法論　*14*

第2章 安全評価の基礎理論 ……………………………………… 15
2.1 選好順序と評価　*16*
　2.1.1 特徴量と評価量　*16*
　2.1.2 選好順序と基数的効用　*17*
　2.1.3 評価空間における無差別曲線　*19*
2.2 効用関数の推定法　*22*
　2.2.1 ヘドニックアプローチ　*22*
　2.2.2 ロジットモデルの導出　*22*
　2.2.3. 効用関数の推定　*25*
2.3 多次元評価（マルチ・クライテリア問題）　*29*
　2.3.1 代替不可能性と再生産可能性　*29*
　2.3.2 支配概念　*31*
　2.3.3 パレート最適　*33*
2.4 マクシミニ評価　*35*
　2.4.1 最悪状況評価と最善対策　*35*
　2.4.2 最悪最善原理とゲーム論　*36*

第3章 安全性尺度の確率論的基礎 ……………………… 39

- 3.1 安全性の尺度と確率現象　40
  - 3.1.1 不確定要因の介在　40
  - 3.1.2 確率変数の記述　40
  - 3.1.3 正規分布　43
  - 3.1.4 破壊確率モデル　43
- 3.2 信頼性解析の基礎　45
  - 3.2.1 信頼性解析の基本的変量　45
  - 3.2.2 指数型信頼度関数の導出　47
  - 3.2.3 指数型信頼度関数での基本変量　49
  - 3.2.4 指数型信頼度関数でのパラメータ推定　50
- 3.3 構造関数　51
  - 3.3.1 構造関数とブール代数表現　51
  - 3.3.2 最小パスと最小カット　54
- 3.4 フォールト・ツリー・アナリシス（FTA）　56
  - 3.4.1 フォールト・ツリー　56
  - 3.4.2 ブロック図　58
  - 3.4.3 直列および並列の信頼度計算　60
  - 3.4.4 共通原因故障問題　61
  - 3.4.5 指数型信頼度関数での組合せシステム　62

第4章 評価判定システムの基本構造とその最適化 ……………… 65

- 4.1 安全評価システム　66
- 4.2 評価システムの基本構造　66
  - 4.2.1 現行安全評価システムの例　66
  - 4.2.2 建築安全評価システムの定式化　67
- 4.3 評価システムの役割・意義　68
- 4.4 評価システムの最適化　70

       4.4.1 損失最小評価システムと誤り最小評価システム　*70*
       4.4.2 損失最小評価システム　*71*
       4.4.3 誤り最小評価システム　*74*
    4.5 ポイント加算型評価の妥当性　*75*
       4.5.1 ポイント加算型評価　*75*
       4.5.2 2クラス損失最小評価システムの対数指標　*76*
       4.5.3 データ要素間の独立性　*76*
       4.5.4 2クラス損失最小評価システムの線型表現　*77*
    4.6 安全評価システムの可能性　*79*

第5章　規制誘導政策での安全水準設定論　……………　*81*

    5.1 規制誘導型防災計画の課題　*82*
       5.1.1 規制誘導型防災計画　*82*
       5.1.2 問題状況の例　*82*
       5.1.3 評価空間と設定水準　*83*
       5.1.4 技術的・制度的制約　*85*
       5.1.5 評価状態の変動性　*85*
    5.2 2つ集合の比較評価の方法　*89*
       5.2.1 評価空間における支配概念の拡張　*89*
       5.2.2 拡張された最適性の概念　*92*
    5.3 安全水準設定の最適化　*93*
       5.3.1 パレート・レイ・オプティマム　*93*
       5.3.2 安全水準設定の最適化　*99*

第6章　現行規定の確率論的検証　……………………　*101*

    6.1 現行安全規定　*102*
       6.1.1 確率的災害現象と確定論的安全規定　*102*
       6.1.2 避難安全検証法　*103*
    6.2 確率分布問題　*104*

6.2.1 確率分布と安全評価　*104*

   6.2.2 主要確率変量の変量特性と実用的要請　*105*

   6.2.3 歩行速度と歩行時間の確率分布形の導出　*106*

   6.2.4 他の主要確率変量の確率分布形の導出　*109*

 6.3 避難安全性の確率論的評価　*111*

   6.3.1 基本前提　*111*

   6.3.2 歩行時間卓越型プランでの評価　*111*

   6.3.3 扉通過時間卓越型プランでの評価　*114*

 6.4 確定論的評価との比較　*115*

   6.4.1 確定論的評価　*115*

   6.4.2 確率論的評価と確定論的評価の関係　*117*

第7章　避難経路の確率論的評価と2方向避難原理の妥当性 …… *121*

 7.1 2方向避難原則の考え方　*122*

 7.2 避難経路の確率論的評価の基本概念　*123*

   7.2.1 単純通路の通行可能確率の導出　*123*

   7.2.2 2方向避難の確率論的意味　*124*

 7.3 避難階段位置の確率論的評価　*125*

   7.3.1 モデル化　*125*

   7.3.2 避難可能確率　*126*

 7.4 マクシミニ原理からみた避難階段の最適配置　*131*

   7.4.1 マクシミニ原理　*131*

   7.4.2 最小避難可能確率　*131*

   7.4.3 マクシミニ原理から見た最適階段位置　*135*

第8章　普及促進と規制 ……………………………………… *137*

 8.1 規制と普及　*138*

 8.2 排煙規定　*139*

8.3　機械排煙不採用理由　*140*

　　8.3.1　機械排煙不採用例　*140*
　　8.3.2　選択案の評価と無差別曲線　*140*
　　8.3.3　新たな選択肢での社会ストックの安全向上　*142*

8.4　社会全体の立場からの無差別曲線　*143*

8.5　計測評価方法の確立　*144*

文献リスト ………………………………………………… *146*
あとがき …………………………………………………… *148*

第1章
建築安全の評価と水準設定の役割

1.1 安全認識の差異と共通基盤

近年の建築構造や建築防火に関する建築安全研究の成果は着実に建築基準法や消防法の技術基準に生かされている。とくに、現象を定量的に把握し評価する方法は性能規定化で中心的役割を担っている。これら新たな性能評価の技術体系は、実用段階でのさまざまな具体的事例からのフィードバックを通じて改善がなされてきている。

これまで、安全性能評価と安全水準設定の技術体系はいかにあるべきか、現行の方法をどう改善すべきかについての発言・提言が、行政、設計者、研究者などのさまざまな立場からなされてきた。そうした議論の中で、各立場からの意見に差異が見られることもあった。純粋に物理現象に対する認識の違いから生じる意見の差異もあるが、多くの差異は、それ以外の理解の違いから発しているように思える。例えば、建築図面には明示されない防火管理などソフト面での信頼性が安全性に係わるので、これらに対しての認識に立場の差がでることもある。また、防火技術者からは、避難階段入口扉を常時閉鎖とすべきとの意見に対して、設計者側からは、空間使用の利便性から感知器連動閉鎖のほうがよいと反論する場合もあるが、これは、安全性と利便性のどちらにどの程度重きをなすかという考え方の違いから発している問題と思われる。さらに、安全性を評価する手続きや、安全水準設定の手続きを問題にして、意見が分かれることもある。これらの意見の食い違いが物理現象ではない点を含むために、工学的な共通議論の枠組みがなく各立場からの主観的議論に終始し、評価方法の改善へ結びつかない面もあった。建築安全性能の評価システムや安全水準をより適正なものとなるよう改善していくためには、非物理現象をも含めて議論できる立場を超えた科学的な議論の枠組みが必要に思える。つまり、建築についての安全性能評価、安全水準設定の基礎となる共通基盤の構築が望まれている。

1.2 安全水準と安全規制

　一般に、多くの人は率直に、建築の安全性は高い方が望ましいという。事実、多数の死傷者の発生した火災や大きな被害をもたらした大地震の直後では、建築安全性を現状よりも一層高めるべきだとする論者も多い。災害の記憶が薄れていくに従い、逆の主張もみられるようになる。例えば、現状では過剰な安全規制が行われており経済活動が阻害されているとか、規制緩和を計るべきだとする意見もみられる。

　日本の経済発展期、中高層建物が急増したが、その時期、火災に強いはずの耐火造建築で死傷者の多い火災が多発した。いわゆる「ビル火災」である。これに対し、一定規模以上の建物などに建築防災計画書の作成を推奨し、建築防災計画評定を確認申請の実質的要件とした。その後ビル火災の減少がみられ、火災安全性は高まったと評価されてきた。しかし、規制緩和が叫ばれる中で、建築防災計画評定は一部の自治体で規定されるのみで、建築基準法の建築確認での検討事項ではなくなった。このように、建築の安全水準について、現状より高くすべきであるという意見と現状では過剰に安全を強いているので緩和すべきであるとの意見の両方がみられ、両者の間で揺れ動いているようにも見える。

1.3 市場原理の限界

　上記の2つの立場、つまり、安全水準を引き上げるべきとする立場と逆に引き下げるべきとする立場とは、まったく異なった視点からこの問題を論じる立場がある。「市場による適正化」という考え方で、その論点は以下のように纏めることができる。

　「建物もひとつの経済的な財に他ならない。そのため、あまりにも危険なものや安全すぎてコストのかかる建物は、消費者に購入されなくなり、生産者も

売れないので生産しなくなる。これが経済のいわゆる『見えざる手』と呼ばれるもので、この市場メカニズムによって危険すぎるもの、安全すぎるものが排除され、適切な安全水準のものだけが生き残る。このことから何も規制のない自由な市場取引により、適切な安全性を持ったものが需要・供給されることになる。したがって、規制など不必要である」。

　市場による適正化という論法もしくはこれに類した議論もしばしば見られる。この論法が正しければ、安全の水準を維持するための法的規制など不要で、安全の水準を議論することの意味も失せてしまうかも知れない。この市場による適正化は、他の財に関しては経済学的にも有効な論法であるが、建築安全性に関しては無条件に成立しているとは言い難い。この論法が成立するための前提がある。市場メカニズムが有効に機能するためには、「品質に関する情報の完全性」と呼ばれる条件が満たされていなければならない。つまり、消費者側が、購入財の品質を的確に把握できていないときには、上記の市場メカニズムが機能しないというのである。つまり、消費者側が、購入財の品質情報を完全に獲得していなければならないのである。

　建築安全性の場合、この情報の完全性が成り立っていない。通常、ものを購入するとき、その品質の善し悪しが分かる。例えば、気にいったコーヒーカップを購入するとき、その良さは見れば分かり、分かったからこそ気にいって購入を決めたわけである。つまりコーヒーカップの購入者にとっての価値は購入時に自明なのである。また、200円のボールペンを購入する場合は、購入時点では、その書き味は分からないが使ってみれば分かる。良いと思えば次回の購入時にも同じペンを選び、良くないと思えば次回は他のボールペンを購入することになろう。後者の場合、最初のペンの代金200円は、ペンの善し悪しを判定するための情報収集の費用とみなせる。コーヒーカップにしてもボールペンも、その品質情報は、費用を支払うかどうかを別にすれば分かるということである。一方、建築安全性の場合はどうであろうか。一般の住宅購入者の場合、その建築の安全性を購入時に判断することは困難である。もし分かるとしたら、火災や地震が発生して被害が出るような時点になってからで、遅すぎて

意味がない。また、ボールペンの場合のように、次の購入時のための品質情報を得るということも非現実的である。住宅購入を何度も繰り返すのは稀であるからである。つまり、建築安全性の善し悪しを分からないままの市場取引となっているといっても過言ではない。

　上記のような情報完全性の前提が成立しない場合にどのような事態が生じるかについて、経済学は次のような点を指摘している。

　情報が不完全な状態のまま市場取引がなされていると、品質が次第に低下していくことがAkerlofの逆淘汰モデル[1]として知られている。つまり、情報不完全の場合、消費者には品質の良いものと悪いものの区別がつかないので、生産者は生産コストの廉価な品質の低いものを生産する。「安かろう、悪かろう」ということになる。

　さらに、この状態が継続すると、Allow[2]によって指摘されたmoral hazardという事態が生じる。つまり、品質の良いものを作ろうというモラルが低下し、さらに、生産部門では、品質の良いものを作る技能や技術を持った人が不要となり、ついには品質の良いものを作る技術者が社会からいなくなってしまうという事態にいたる。

　以上の近代経済学の指摘を参照すれば、建築安全性の確保のためには、安易に市場メカニズムのみによって適正化を計れるという考え方は、現実的ではないと言える。したがって、市場メカニズムによって建築物の適正な安全水準を維持するためには、建築物購入者が、その安全水準を的確に把握できる方法とそれを行うための社会的制度が必要である。また、一定水準以下の品質のものを規制することで安全水準を維持する場合でも、水準以下か以上かを適切に評価する方法と、評価を具体的に運用する社会的制度が必要である。

1.4　安全評価と安全水準設定の科学的方法論

　前節の議論から、安全性能を評価するシステムの必要性と適切性が求められていることは明らかである。残念なことに、安全性能評価システムのあり方を議論するときの共通基盤が充分でないように思われる。

　また、現行の安全水準を高くすべきであるとする立場と低くすべきとする立場の両者が納得しうるような、安全水準設定議論の共通基盤となるような枠組みの構築が必要である。

　そのためには、建築の安全性についての自己の価値意識を表明したり、倫理的見解を主張するだけではなく、むしろ、異なる価値意識をもったそれぞれの立場にも受け入れられるような科学的な議論方式を確立していくことが肝要と思える。

　そのため、評価とは何か、多くの可能性の中からひとつの安全水準を選択することの妥当性は何かなど、言わば哲学的な問いに答える作業が必要になる。しかし、そこでも、立場や価値意識の違いに左右されない、誰もが納得しうる方法論に裏づけされた作業でなければならない。

　以上の目標意識のもとで、われわれの作業は、まず、①評価に関連した基本事項と安全性評価に必要な確率論的な事項の整理から始められることになろう。続いて、②建築安全性に関する評価システムを念頭において、評価システムの妥当性（最適性）を調べることになる。また、③実際の規制・誘導制度を念頭においた安全水準設定の理論を構築してみたい。上記の②、③の枠組みのもとで、建築安全性に関わるいくつかの具体的問題に取り組んでみたい。

　上記が、本書で展開しようとしている見取り図である。あくまで、価値意識の異なる人々の意見が反映できる共通基盤の構築を目指している。

第2章

安全評価の基礎理論

2.1 選好順序と評価

2.1.1 特徴量と評価量

われわれは、建築の安全性はもちろん経済性・利便性などを考えて、建築物を比較したり許容したりしている。これら安全性や経済性などは、建築物周辺の環境が同一であれば、建築物の寸法、形状、材料などによって決まってくる。

例えば、鉄筋コンクリート構造物の耐震性能は、鉄筋種類、鉄筋径、使用コンクリートの強度、スパン寸法、壁の配置などの物理量をもとに評価される。物理量のデータの組を、その建築物の特徴を表しているという意味で特徴量と呼ぶこともある。量といっても数値とは限らず鉄筋種類の名称の場合もある（寸法などの数値変量に対してこうした量をカテゴリー変量と呼ぶこともある）。また、耐震性能を考えているときには室内の壁の色は関係ないので特徴量ではないが、美観や快適性を考える場合には、壁の色は特徴量と見なされる。

特徴量だけでは安全性や快適性を表しているとは言えない。耐震性能や防火性能を表す量を評価量という。耐震性能や防火性能を組み合わせて、安全性能として評価する場合もある。この場合、この複合的な安全性能も評価量である。つまり評価量を組み合わせて評価量を求める場合もある。

評価量は通常、その使用目的から、その量の大小が、善し悪しを表すように設定される。つまり、特徴量である鉄筋径の場合、鉄筋径が大きいから望ましいとは限らず細径のものを密なピッチで配筋した方がよいというときもある。これに対して、耐震性能を表す数値は大きいほど望ましいとみなせるように性能値を定義することが多い。ここで、性能値を等級表示する場合に混乱が見られることがある。例えば、性能評価を、1級、2級・・と表した場合、通常1級の方が2級よりも望ましいが、場合によっては逆の場合もある。また、ランク表示でⅠ、Ⅱ、Ⅲ・・・とした場合、ランクⅠとランクⅡのどちらが上位

なのか分かりにくいときもある。

ひとつの建築物の評価には、安全性、経済性、利便性などさまざまな側面がある。つまり、ひとつの建築物は、各側面についての評価量の組で表されることになる。n 個の評価量の組を n 次元空間の 1 点とみなせば、評価対象の建築物は、この n 次元空間の 1 点に位置づけられる。そこで、この n 次元空間を評価空間と呼ぶ。

理解を助けるため $n = 2$ という簡単な場合で考えてみよう。例えば、安全性の評価値を横軸にとり、利便性の評価値を縦軸にとり、建築物 a の安全性と利便性の評価値の組 (x_a, y_a) としたとき、建築物 a はこの 2 次元空間の 1 点 (x_a, y_a) で表される。建築物 b, c の評価値の組がそれぞれ (x_b, y_b), (x_c, y_c) のときも同様に、建築物 b, c はそれぞれこの 2 次元空間の点として表される。（図参照）

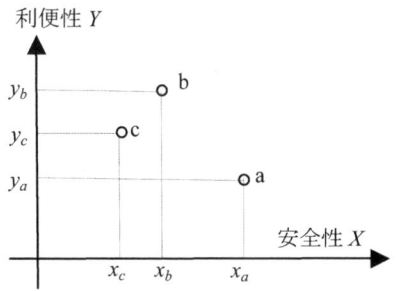

図 2.1　2 次元評価空間での評価対象

2.1.2　選好順序と基数的効用

評価対象を比較したとき、どちらが望ましいかを客観的に決定することは、通常極めて難しい。例えば、評価空間で安全性の評価値は高いが利便性の評価値は低い評価対象 a と評価空間で安全性の評価値は低いが利便性の評価値は高い評価対象 b とがあった場合、安全を重視する人は評価対象 a を b より望ましいと主張し、利便性を重視する人は、評価対象 a より b が望ましいと主張することになり両者の意見が分かれてしまうことが多い。しかし、どち

らが望ましいかを言える場合があり得る。図 2.1 のように、評価対象 b は安全性、利便性の両方で、評価対象 c よりも優れているとき、安全性を重視する人も利便性を重視する人も、ともに評価対象 c よりも評価対象 b が望ましいと主張することになる。

そこで、「対象 b よりも a の方が望ましい」という関係を aPb と表記し、「対象 a と b ではどちらが望ましいとは言えない」という関係を $a \sim b$ と表記する。さらに、

$$aRb \Leftrightarrow aPb \text{ または } a \sim b \tag{2.1}$$

として関係 R を定義する。

このとき、次の関係が成立している。

$$aRa \tag{2.2.1}$$

$$aRb \text{ かつ } bRc \Rightarrow aRc \tag{2.2.2}$$

$$aRb \text{ かつ } bRa \Rightarrow a \sim b \tag{2.2.3}$$

上記の性質は、順に、反射律、推移律、反対称律と呼ばれているもので、これらの性質が成立している関係を『順序関係』と呼ぶ。上記の関係 R は、その意味で『選好順序』と呼ばれる。

さらに、評価対象の集合 Z のすべての要素 a, b について、

$$aRb \text{ または } bRa \text{ が成立する} \tag{2.3}$$

とき、集合 Z は、順序 R に関して『全順序集合』となっているという。

ここで、フォンノイマンとモルゲンシュタイン [3] の有名な文献の中で、次の重要な結論が得られている。すなわち、評価対象の集合 Z が全順序集合であるならば、任意の対象 $x \in Z$ に、次の性質を持つ数値 $u(x)$ を与えることができる。

$$aRb \Leftrightarrow u(a) \geq u(b) \tag{2.4}$$

つまり、「bよりもaが望ましいならば、bに与えた数値$u(b)$よりもaに与えた数値$u(a)$の方が大きいか等しい」が成立するような数値$u(x)$を与えることができる。これは、言わば望ましさの程度を表す数値で、『基数的効用』あるいは単に『効用』と呼ばれる。つまり、この効用の大きいものを望ましいとすればよい。

2.1.3 評価空間における無差別曲線

効用を評価空間で考えてみよう。以下でも、簡単のため横軸が安全性、縦軸が利便性の2次元の評価空間で議論するが、容易にn次元の場合に一般化できる。評価対象aの効用$u(a)$は、この評価空間の点の位置(x_a, y_a)できまる。すなわち,

$$u(a) = f(x_a, y_a)$$

と表される。この関数$f(x, y)$を効用関数と呼ぶ。以下では、この関数が連続であるとしよう。

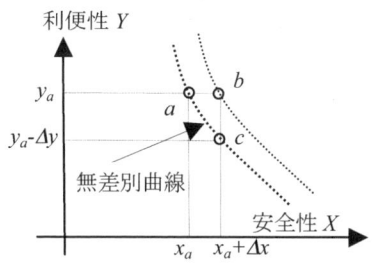

図2.2 評価空間における無差別曲線

このとき、図2.2に示すように、評価空間の点$(x_a + \Delta x, y_a)$で表される評価対象bを考えてみる。評価対象bは安全性がΔxだけ評価対象aよりも高く、利便性は同じなので、どちらを選択すべきかと言えば、評価対象aよりも評

価対象 b を選ぶべきと言える。この事実から、効用は、

$$u(a) \leq u(b)$$

となっているはずである。さらに、評価空間で点 $(x_a + \Delta x, y_a)$ を通る垂直線上にある点 $(x_a + \Delta x, y_a - \Delta y)$ で示される評価対象 c を考えてみよう。評価対象 c の安全性は評価対象 b のそれと同じである。$\Delta y = 0$ のときは評価対象 c は利便性も評価対象 b と同じとなって評価対象 b と一致している。そこで、Δy を徐々に増加させていくと、安全性の評価値は変化しないが、利便性の評価値が減少していく。つまり、どちらを選択すべきかと言えば、評価対象 c よりも評価対象 b を選択すべきであり、$\Delta y > 0$ のとき、

$$u(c) \leq u(b)$$

となっているはずである。つまり、評価対象 c の効用は Δy の増加にともない減少することになる。この事実から、次の、2つの可能性がある。

①適当な Δy のところで、次式が成立する。

$$u(a) = u(c)$$

②どんな Δy でも、次式が成立している。

$$u(a) < u(c)$$

①の場合、評価対象 a と評価対象 c は同じ効用値であるので、この2つの評価対象を表す2点 (x_a, y_a) と $(x_a + \Delta x, y_a - \Delta y)$ を結ぶ線分は、充分小さな Δx のもとで、この線分上の効用の値は同じということになる。この議論を、c を表す点を新たな a' 点としてそこから横軸にさらに Δx 増やして同じように議論すれば、効用の値が同一の曲線が得られる。効用は等しく区別できない。この線を点 a を通る「無差別曲線」と呼んでいる。つまり、無差別曲線上では、効用が等しくどれを選択すべきかに関して差がない。点 a に限らず任意の点を通る無差別曲線が考えられる。これらは、その性質上、右下がりの曲線

になっており、無差別曲線どうしが交差することはない。

②の場合は、評価対象 a と同じ効用の曲線は、安全性の評価値が $x_a + \Delta x$ の垂直線と交わることはない。充分小さな Δx のもとで、評価対象 a と同じ効用の曲線は、垂直線 $x = x_a$ にならざるを得ないが、この垂直線上では安全性は同一で、利便性が異なる。利便性が異なっても効用が同一ということは、利便性が評価規準として不要であることを示している。

無差別曲線の概念は容易に任意の次元の評価空間で定義でき、無差別曲面と呼ばれることもある。また、議論の分かりやすさのために、効用関数を前提として無差別曲線の概念を説明したが、逆に、どちらを選択すべきか区別できない無差別曲線の概念を前提として効用関数を定義することも可能である。

特殊なケースとして、2次元評価空間で無差別曲線が直線の場合を考えてみよう。この場合の無差別曲線は、一般的に、

$$w_x x + w_y y = u$$

と表される。

この無差別曲線上の1点 (x_0, y_0) と、この点の近くで同一な効用を持つ点 (x', y') を考えてみる。$x' = x_0 + dx$ としてみると、この2点は無差別曲線上にあるので

$$w_x x_0 + w_y y_0 = u, \quad w_x(x_0 + dx) + w_y y' = u$$

を満足しているので、この2式より、

$$y' = y_0 - \frac{w_x}{w_y} dx$$

となる。このことから、無差別曲線の傾きを表す $-w_x/w_y$ は、安全性と利便性の代替率を表していることが分かる。つまり、安全性を1単位上昇（低下）した場合でも利便性を w_x/w_y を減少（増加）すれば、もとと同じ効用になっていることを示している。

一般に、n次元評価空間での無差別曲面上での接平面の傾きは、各評価軸間の代替率を表している。

さらに言えば、評価空間で効用関数が定義できることや無差別曲線が決定できるということは、各評価軸の間に代替性を認めた場合において使用できる概念なのである。この代替性を認めるか否かは重要な問題であり、後のマルチ・クライテリア問題に関連して、再び言及することにしたい。

2.2 効用関数の推定法

2.2.1 ヘドニックアプローチ

効用関数の推定に関してはさまざまな方法がある。中でも近年、ヘドニックアプローチと呼ばれる方法が活用されることが多い。その中では、対象が選択される度合いをデータとして、ロジットモデルと呼ばれるモデルを用いて効用を推定し、この効用を対象の属性変量で説明するモデルを構築する。以下では、ロジットモデルの導出、効用関数の推定の例を示しておく。

2.2.2 ロジットモデルの導出

n個の選択対象の中から得られる効用が最大となる対象を選択する状況を考えてみよう。対象jを選択したとき得られる効用をv_jとしよう。

得られる効用v_jは、さまざまな不確定要因の結果としてばらついた変量とみなすべきことが多い。つまり、効用v_jは確率変量と考える。この確率的に変動するということを以下のように定式化しよう。

$$v_j = u_j + \varepsilon_j \tag{2.5}$$

ここで、変量u_jは確定変量、e_jは確率変量で、確定変量u_jのまわりにランダムな量ε_jでばらついていた結果、得られる効用はv_jとなっているということを意味している。確定変量u_jを真の効用と呼ぶことにしよう。以下、具体的に議論をするため、確率変量ε_jは、次の確率分布に従うものと仮定する。

$$\text{Prob}[\varepsilon_j \le x] = F(x) = \exp[-\exp[-x]] \qquad (2.6.1)$$

$$f(x) = \frac{d}{dx} F(x) = \exp[-x - \exp[-x]] \qquad (2.6.2)$$

ここで Prob[−] は − が成立する確率を意味する。すなわち、確率変数 ε_j の累積分布関数は (2.6.1) の $F(x)$ で与えられ、確率密度関数は (2.6.2) の $f(x)$ で与えられる。この分布は正規分布に近い形状であり、厳密には、ある分布から抜き出したサンプルの中の最大値が示す確率分布に一致し、そのことから極値分布と呼ばれている。またガンベル分布とも呼ばれている。

以上の準備のもとで、対象 j が選択される確率 P_j を求めてみよう。対象 j が選択されるのは、j 以外の対象 k の効用 v_k よりも効用 v_j の方が大きいときである。したがって、

$$P_j = \text{Prob}[v_j > v_k, \text{ for all } k \ne j] \qquad (2.7)$$

ということになる。効用の定式化 (2.5) から、これは、

$$\begin{aligned} P_j &= \text{Prob}[u_j + \varepsilon_j > u_k + \varepsilon_k, \text{ for all } k \ne j] \\ &= \text{Prob}[\varepsilon_k < u_j + \varepsilon_j - u_k, \text{ for all } k \ne j] \end{aligned}$$

と表される。確率変数 e_k の分布式 (2.6) を用いれば、次のように表現できる。

$$\begin{aligned} P_j &= \int_{-\infty}^{\infty} f(\varepsilon_j) \prod_{k \ne j} \text{Prob}[\varepsilon_k < u_j + \varepsilon_j - u_k] d\varepsilon_j \\ &= \int_{-\infty}^{\infty} f(\varepsilon_j) \prod_{k \ne j} F(u_j + \varepsilon_j - u_k) d\varepsilon_j \end{aligned}$$

ここで、具体的に計算してみると、

$$\prod_{k \ne j} F(u_j + \varepsilon_j - u_k) = \prod_{k \ne j} \exp[-\exp[-(u_j + \varepsilon_j - u_k)]]$$

であり、この対数は、

$$\log \prod_{k \neq j} F(u_j + \varepsilon_j - u_k) = \sum_{k \neq j} -\exp[-(u_j + \varepsilon_j - u_k)]$$
$$= -\exp[-(u_j + \varepsilon_j)] \sum_{k \neq j} \exp[u_k]$$

となる。このことから、以下の計算結果を得る。

$$\prod_{k \neq j} F(u_j + \varepsilon_j - u_k) = \exp\left[-\exp[-(u_j + \varepsilon_j)] \sum_{k \neq j} \exp[u_k]\right]$$

この結果を先の積分式に代入することで次式を得る。

$$P_j = \int_{-\infty}^{\infty} \exp[-\varepsilon_j - \exp[-\varepsilon_j]] \exp\left[-\exp[-(u_j + \varepsilon_j)] \sum_{k \neq j} \exp[u_k]\right] d\varepsilon_j$$
$$= \int_{-\infty}^{\infty} \exp\left[-\varepsilon_j - \exp[-\varepsilon_j] \left\{1 + \exp[-u_j] \sum_{k \neq j} \exp[u_k]\right\}\right] d\varepsilon_j$$

ここで、積分変数を含まない項を、

$$\alpha = 1 + \exp[-u_j] \sum_{k \neq j} \exp[u_k]$$

とおけば、確率 P_j は、次の積分によって定まることが分かる。

$$P_j = \int_{-\infty}^{\infty} \exp[-\varepsilon_j - \alpha \exp[-\varepsilon_j]] d\varepsilon_j$$

この積分は容易に計算できて、

$$P_j = \frac{1}{\alpha} \Big[\exp[-\alpha \exp[-\varepsilon_j]]\Big]_{-\infty}^{\infty} = \frac{1}{\alpha}$$

となる。したがって、対象 j が選択される確率 P_j は次式で表される。

$$P_j = \frac{1}{1+\exp[-u_j]\sum_{k \neq j}\exp[u_k]} = \frac{\exp[u_j]}{\sum_{k=1}^{n}\exp[u_k]} \quad (2.8)$$

確率 P_j が上式で与えられるモデルをロジットモデルという。このモデルでは、真の効用の指数 $\exp[u_k]$ の総和に対する対象 j の真の効用の指数 $\exp[u_j]$ の割合が、対象 j が選択される確率と一致していることを主張している。

(2.8)式のロジットモデルには、以下に述べる性質がある。対象 i と対象 j の選択確率の比は、

$$\frac{P_i}{P_j} = \frac{\exp[u_i]}{\exp[u_j]} \quad (2.9)$$

であり、対数をとって表現すれば、以下の関係が成立している。

$$\log P_i - \log P_j = u_i - u_j \quad (2.9')$$

この式から、(2.9')式右辺で表される対象 i と対象 j の効用差は、両者の選択確率から、その対数の差として決定できる。

2.2.3. 効用関数の推定

ロジットモデルを用いて効用関数を推定すること示そう。分かりやすく議論をするため、次の例で具体的に示したい。

評価対象は3種類の住宅建築（$j = 1, 2, 3$ で表す）である。評価対象については2つの評価変量、安全性および経済性の評価値が分かっている（各評価値の単位は適当なもので計測されているとする）。評価対象1の安全性は1、経済性は0であり、評価対象2の安全性は0、経済性は1であり、評価対象3の安全性は1、経済性は1である。この3種類の住宅の購入者11人のうち、評価対象1、2、3を購入した人数 N_1, N_2, N_3 は、それぞれ2人、3人、6人であった。以上の結果をまとめたものが、次の表である。

表2.1　計算例のデータ

住宅タイプ	評価値		調査結果
	安全性	経済性	選択者数
1	1	0	2
2	0	1	3
3	1	1	6

別のスタディで、これらの評価対象 j の真の効用 u_j を表す効用関数 $u_j = f(x_j, y_j)$ は、安全性の評価値 x_j と経済性の評価値 y_j で、以下のように表すことができることが知られているとする。

$$u_j = f(x_j, y_j) = a \cdot x_j + b \cdot y_j, \quad j = 1, 2, 3 \tag{2.10}$$

以上の状況で、効用関数の未知パラメータ a, b を推定し、効用関数 (2.10) 式を求めよう。

ロジットモデル (2.8) 式を適用すれば、対象 j の選択確率は、

$$P_j = \frac{\exp[u_j]}{\exp[u_1] + \exp[u_2] + \exp[u_3]}, \quad j = 1, 2, 3 \tag{2.11}$$

となる。

ここで、選択者数 N_j ($j = 1, 2, 3$) が観測される確率を考えると、

$$L = \prod_{j=1}^{3} P_j^{N_j} = P_1^{N_1} P_2^{N_2} P_3^{N_3} \tag{2.12}$$

となる。この確率の値はモデルのパラメータ a, b を変化させると変わる。観測される確率 L が高いほど「ありえる」可能性が高いのでこの確率を最大化するようなパラメータ a, b が望ましい。このような考え方を最尤法と呼び、(2.12) 式の L を尤度という。以下でも、この尤度 L を最大化するパラメータ a, b を求める。尤度 L が最大化することと、その対数（対数尤度と呼ばれる）

を最大化することは等価なので、次の値を最大化することを考える。

$$\log L = \sum_{j=1}^{3} N_j \log P_j = N_1 \log P_1 + N_2 \log P_2 + N_3 \log P_3 \tag{2.13}$$

上式の選択確率 P_j に (2.11) 式を代入することで、次式を得る。

$$\log L = N_1 u_1 + N_2 u_2 + N_3 u_3 - N \log Q \tag{2.14.1}$$

ただし、

$$Q = \exp[u_1] + \exp[u_2] + \exp[u_3] \tag{2.14.2}$$

$$N = N_1 + N_2 + N_3 \tag{2.14.3}$$

最大化の条件から、

$$\frac{\partial}{\partial a} \log L = 0, \quad \frac{\partial}{\partial b} \log L = 0 \tag{2.15}$$

を満足しなければならない。

$$\frac{\partial u_j}{\partial a} = \frac{\partial}{\partial a}(ax_j + by_j) = x_j, \quad \frac{\partial u_j}{\partial b} = \frac{\partial}{\partial b}(ax_j + by_j) = y_j$$

であることに注意することで、(2.15) 式は、以下の 2 式となる。

$$\sum_{j=1}^{3} N_j x_j = \frac{N}{Q} \sum_{j=1}^{3} x_j \exp[ax_j + by_j] \tag{2.16.1}$$

$$\sum_{j=1}^{3} N_j y_j = \frac{N}{Q} \sum_{j=1}^{3} y_j \exp[ax_j + by_j] \tag{2.16.2}$$

すなわち、(2.16) 式を満足するようにパラメータ a, b を決めればよい。実際の問題では、連立方程式 (2.16) 式を満足する数値解をコンピュータで計算する。ここでは、与えられたデータが少ないので、以下のように手計算で解を

求めることができる。

まず、表の x_j, y_j の値を代入し、

$$\exp[ax_1 + by_1] = \exp[a \cdot 1 + b \cdot 0] = \exp[a] = A$$

$$\exp[ax_2 + by_2] = \exp[a \cdot 0 + b \cdot 1] = \exp[b] = B$$

とおくと、

$$\exp[ax_3 + by_3] = \exp[a \cdot 1 + b \cdot 1] = \exp[a+b] = AB$$

となる。このことから、(2.14.2)式は、

$$Q = A + B + AB$$

であり、これらと、表の N_j の値を(2.16)式に代入することで、次式を得る。

$$8 = \frac{11(A+AB)}{A+B+AB}, \quad 9 = \frac{11(B+AB)}{A+B+AB}$$

この A,B に関する連立方程式は、A,B が 0 とならないので、

$$A = 2, \quad B = 3$$

という解を得る。この結果、パラメータ a, b の値は、

$$a = \log 2, \quad b = \log 3 \tag{2.17}$$

と決定でき、効用関数の形は次式で表されることが分かる。

$$u_j = f(x_j, y_j) = (\log 2) \cdot x_j + (\log 3) \cdot y_j \tag{2.18}$$

上記の例題で示したように、一般的に、最尤法によるパラメータ推定が可能であり、統計学的にも、推定パラメータの検定方法が知られている。

しかし、ロジットモデルの特徴を活用すると、パラメータの値を簡単に知ることが可能となる。上記の例題で、例示しよう。

(2.9) 式で示したロジットモデルの性質を生かすと、

$$\frac{P_1}{P_2} = \frac{\exp[a]}{\exp[b]}, \quad \frac{P_1}{P_3} = \frac{\exp[a]}{\exp[a+b]} = \frac{1}{\exp[b]} \tag{2.19}$$

となっている。表のデータからは、

$$\frac{P_1}{P_2} = \frac{2}{3}, \quad \frac{P_1}{P_3} = \frac{2}{6}$$

であったので、(2.19) の第 2 式より、

$\exp[b] = 3$

が得られ、この結果とデータの数値を (2.19) の第 1 式に代入することで、

$\exp[a] = 2$

が得られる。結果として、

$a = \log 2, \quad b = \log 3$

を得るが、これは、先に得た (2.17) 式に一致している。

2.3　多次元評価（マルチ・クライテリア問題）

2.3.1　代替不可能性と再生産可能性

　本章第 1 節で、無差別曲線についての説明の中で、無差別曲線の接線（一般的な次元の場合には、無差別曲面の接平面）の傾きが各変量間の代替率を表しているということを述べた。この代替率の問題をもう少し検討しておきたい。

　例として、工場の建て替え計画で、安全性と経済性を考慮した計画を立案している場合を考えてみる。ひとつの評価変量である安全性は、既存工場の年間死傷者数から建て替え工場での年間死傷者数を引いた値 x（人）で表し、もう

ひとつの評価変量である経済性は、建て替え工場の年間売上額から既存工場の年間売上額を差し引いた額 y（円）で表している場合を考える。このとき、既存工場を表す点 (x_0, y_0) を通る無差別曲線のこの点での接線は、

$$w_x \cdot x + w_y \cdot y = u$$

と表されるとき、既存工場を表す点 (x_0, y_0) の近くでは、安全性1単位減少し、経済性が、w_x/w_y だけ増加した場合と既存工場とは無差別ということになった。この事実をよく考えると、既存工場の評価と、既存工場から1人死傷者が増え、売上が w_x/w_y 円増加した場合の評価が等価（無差別）ということになる。このことは、1人の人命が w_x/w_y 円の金額と等価であることを主張していることになる。したがって、人命を金銭で評価してよいのかという反論が持ち上がる。

　人命に対する補償額を人命損失の金銭評価値と考え、人命と金銭は比較可能と主張する人もいるが、充分な補償額をもらって殺されることを容認する人はいないことで明らかなように、補償額は文字通り償いとしての金銭の額であって人命の評価額ではない。

　一方、「命は地球よりも重い」として人命の評価値は無限大であると主張する人もいるが、この考え方にも問題がある。例えば、建築防火に関して人命安全のために限りなく費用をかけることは、建築防火だけを考えるときには妥当のように思えるが、防火の過剰なまでの費用負担は逆に交通安全など防火以外の安全性改善に費用をかける可能性を減少させてしまうことで、全体的な人命安全に逆行してしまうことになる。

　人命安全性と経済性の代替可能性あるいは比較可能性の問題には、修復可能性あるいは再生産可能性という基本的問題が潜んでいる。ここでは、この問題に簡単にふれておきたい。例えば、電球のような工業製品の場合、電球が切れてしまったならば、新しいものを購入すればよい。これは切れてしまった電球の切れる直前の状況と新たな電球をつけた状況が同一視できること、つまり、電球の購入費はかかるものの以前の状態に修復することが可能である。これと

人命損失と比べると、人の命は一度死んでしまうと生き返らすことはできない。つまり修復不可能なのである。これが人命安全問題の深刻な点である。

このような深刻な問題状況で安易に人命と金銭の代替性を議論する場合には慎重でなければならない。限られた状況で、近似的な議論として、評価変量間の代替性を考慮し、効用関数や無差別曲線を用いて検討することは、現実の問題解決に寄与する可能性がある。しかし、基本的には、人命などの評価変量と他の評価変量との代替性を安直に認めてはならない。

以上、人命についてとくに指摘してきたが、実は、こうした問題は人命以外でも生じている。そのいくつかの例を挙げておこう。

文化財などの歴史的遺産がある。例えば、法隆寺金堂は、もしも失われてしまった場合、物理的には現代技術でほぼ同じものを造ることができるかもしれないが、歴史的価値は大きく低下してしまう。再建したものは模造品のような意味しかなくなってしまうおそれがある。つまり、歴史的建造物は再生産可能ではないのである。先の電球が、エジソンが最初に作ったものであったとしたら、それに類似したものを作ったとしても本物の代わりというわけにはならない。つまりエジソンの電球も再生産可能ではないのである。

この他、生態系も同様な性質を有している。一度バランスを失った生態系がもとに戻らなくなることがある。例えば、生存数が激減した種では、一度絶滅してしまうとその種を復活させることは現在の技術ではできない。

2.3.2 支配概念

評価量間の代替性が認められない場合をマルチ・クライテリア問題という。

つまり、相いれない独立した評価規準があり、ある評価値の劣る部分を他の評価値で補うということが出来ないときに、どのような判断をなすべきかという問題である。

再び評価空間に戻って考えてみよう。$n = 2$ という簡単な場合で検討しておこう。横軸の安全性は右に位置するほど安全であること、縦軸の経済性は上に位置するほど経済的であることを意味している。したがって、建築物 A を表

す点よりも、左下部に位置する点で表される建築物 B は、安全性、経済性の両方で A よりも劣っているので、建築物 A は建築物 B より望ましい。この関係を「A は B を支配している」「B は A に支配されている」と言う。

一般の n 次元の場合、評価対象 a と b が、それぞれ評価空間の点（$a_1, a_2, \ldots a_n$）と点（$b_1, b_2, \ldots b_n$）で表されるとき、

すべての i について $a_i \geq b_i$　かつ

ある j について $a_j > b_j$　　　(2.20)

ならば、「評価対象 a は評価対象 b を支配している」「評価対象 b は評価対象 a に支配される」と言い、aDb と表す。また、この支配関係では、

aDb かつ bDc ならば aDc

という推移律が成立している。

この支配という関係は、順序関係に似ており、支配概念から効用のような数値を対応できると便利であるが、この期待は裏切られる。実際の問題では、例えば、「安全性では建築物 A の方が建築物 B よりも優れているが、経済性では建築物 B の方が建築物 A よりも優れている」という支配関係が成立していないケースが多いからである。

しかし、支配概念の意味から、『評価対象が A と B の中から望ましいものを選ぶ場合には、評価対象 A が B を支配しているならば、対象

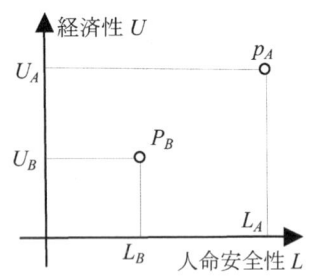

(a) p_A は p_B を支配している

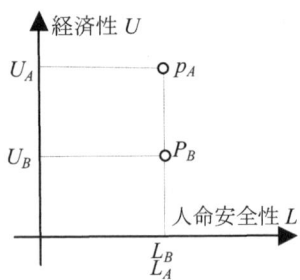

(b) p_A は p_B を支配している

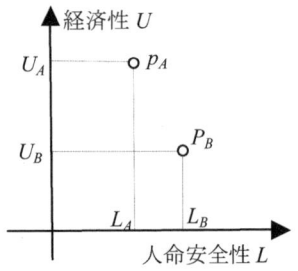

(c) p_A と p_B は支配関係なし

図 2.3　支配の概念

B よりも A を選択すべきだ』ということになり、この支配概念は、評価判断では重要な役割を持っている。

2.3.3 パレート最適

評価対象の集まりを Z とするとき、Z の中の要素 p が、Z の中のどの要素 x にも支配されることが無いとき、p はパレート最適であると言い、p の集まりを、評価対象集合 Z におけるパレート最適集合という。つまり、p がパレート最適というのは、p を支配するものが評価対象 Z の中では無いという意味で優れたものだということである。パレート最適集合 P は形式的には次のように定義され、優れたものの集まりということになる。

$$P = \{p \in Z \mid \sim \exists x \in Z[xDp]\} \tag{2.21}$$

このように、パレート最適というのは、評価対象集合 Z が確定しているときに確定できるもので、評価対象集合 Z からある要素を除去したり添加したりするとパレート最適であったものがパレート最適で無くなることもある。

例として、$p_1 \sim p_5$ の5つの評価対象の人命安全性と経済性がそれぞれ (5,3), (4,1), (3,4), (2,2), (1,5) であった場合を考えると、図2.4のように、評価対象集合 $Z=\{p_1, p_2, p_3, p_4, p_5\}$ のパレート最適集合は $P=\{p_1, p_3, p_5\}$ となる。

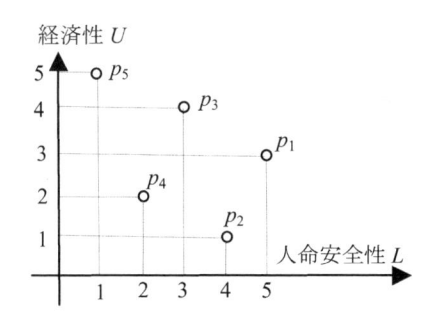

パレート最適集合は $\{p_1, p_3, p_5\}$

図 2.4 評価対象集合 $Z=\{p_1, p_2, p_3, p_4, p_5\}$ のパレート最適集合

上記の例に対して、評価対象 p_1 を除外し、代わりに人命安全性と経済性が (3,5) の対象 p_1' を加えた場合、つまり、評価対象集合 $Z'=\{p_1', p_2, p_3, p_4, p_5\}$ とした場合のパレート最適集合は、図 2.5 のように、$P'=\{p_1', p_2\}$ となる。

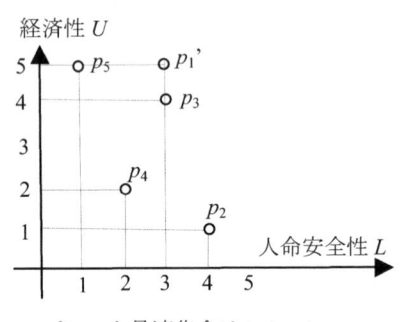

図 2.5 評価対象集合 $Z'=\{p_1', p_2, p_3, p_4, p_5\}$ のパレート最適集合

パレート最適集合 P がただ 1 つの要素 p からなる場合には、要素 p を選択すべきだということができるだろう。しかし、評価対象集合 Z のすべての要素がパレート最適、つまり評価対象集合 Z とパレート最適集合 P が同一になってしまうことがある。(図 2.6 の場合) この場合、評価対象集合 Z からどの要素を選択すべきかについての判断を助ける情報は引き出せない。

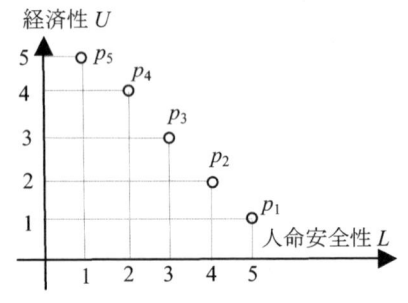

図 2.6 評価対象集合 Z とパレート最適集合 P が同一

いずれにしても、一般的には、評価対象集合 Z から望ましいものを選択するとしたらパレート最適集合 P の要素を選択すべきだと言えよう。このことは、マルチ・クライテリア問題においては、極めて重要な判断基準になる。

2.4 マクシミニ評価

2.4.1 最悪状況評価と最善対策

安全性に関しての評価の場面で、しばしば見られる特徴的な考え方がある。想定した最悪の場合について評価することである。対策も含めて考えるときは、想定した最悪の場合で最善の対策の結果を評価するということである。

例として、堤防の安全評価を考えてみよう。技術者は、その地点の最高水位を予想し、現状の高さと比較し、最高水位が堤防高さを越えていたら危険と判断する。越えていなくとも、堤防高さと最高水位の差が大きいほど安全、少ないほど危険と判断する。この場合の水位は、ありうる可能性が高い平均水位ではなく最悪の場合である最高水位なのである。そして、最悪の場面である最高水位に達した状況で、最善の対策として、堤防高さと最高水位の差をなるべく大きくしようと対策を考えている。

同じ発想の考え方で次のような例もある。山岳での遭難事故で複数の負傷者がいたとき、一回の飛行で 1 人しか救出できないヘリコプターでの救出では、負傷の度合いが深刻な負傷者から救出する。この場合も、負傷被害の最悪な者のリスクを重視し、その最善な対策としてこの負傷者の救出を優先している。

以上のような考え方は、工学的に妥当なものと思われるが、さらに、最弱者を優先するなど、倫理的側面とも関連があるもので、安全評価の重要な原理のように思える。そこで、「最悪最善原理」と呼び、安全評価の各場面で最悪最善原理の摘要の必要性を考えることにしたい。

2.4.2 最悪最善原理とゲーム論

　経済学者モルゲンシュタインと数学者フォンノイマンは協力してゲームの理論を作り上げ、経済行動をそれまでにない視点から説明する強力な理論を示した。実は、前項で述べた最悪最善原理に相当する概念が、このゲームの理論で示されている。それはマクシミニ原理と呼ばれている。

　2人の対戦者A, Bがいて、対戦者Aの選択肢は$a_1, a_2, \cdots, a_n$であり、対戦者Bの選択肢は$b_1, b_2, \cdots, b_n$である。両者は自己の選択肢を1つ選択すると各自の利益G_A, G_Bが決まる。つまり、対戦者Aが選択肢a_iを選び、対戦者Bが選択肢b_jを選ぶと、対戦者Aは、

$$G_A = f_A(a_i, b_j)$$

という利益が得られ、対戦者Bは、

$$G_B = f_B(a_i, b_j)$$

という利益が得られる。

　このゲーム状況で、対戦者Aの最善手は、次のように見出すことができる。まず、対戦者Aがいかなる選択をしても、相手Bが対戦者Aの得られる利益を最小化すると考える。つまり、対戦者Aからみて何をするか分からない対戦者BはAにとって最悪なことをしてくると考えるのである。そのため、もし自分がa_iを選んだときに相手Bは、$G_A = f_A(a_i, b_j)$の最小値を実現するj^*を選ぶと考える。このときのAの利益は、

$$f_A(a_i, b_{j^*}) = \mathrm{Min}_j[f_A(a_i, b_j)]$$

となっている。これが自分がa_iを選んだときの利益なので、この値が最大化するようにi^*を選ぶ。つまり、

$$f_A(a_{i^*}, b_{j^*}) = \mathrm{Max}_i[f_A(a_i, b_{j^*})] = \mathrm{Max}_i[\mathrm{Min}_j[f_A(a_i, b_j)]] \qquad (2.22)$$

となるi^*を選ぶ。この結果、相手がどう選択肢を選んだとしても、確実に得

られる利益の中で最大なものを選んだことになる。

この原理をマクシミニ原理と呼ぶ。

前項で示した最悪最善原理は、災害を相手にしたゲームの最善手を与えるマクシミニ原理と考えることができる。

第3章

安全性尺度の確率論的基礎

3.1 安全性の尺度と確率現象

3.1.1 不確定要因の介在

安全性に関わる現象が確定論的に予知可能であれば対策手段を講じることは容易であるが、火災、地震、津波などいつ、どこで、どの程度のものが起こるのかを予見することは困難で、その対策も難しい。こうした現象に対する理解の方法として、確率現象として把握することが有用である。以下では、簡単ではあるが危険性の計量的把握に活用できる破壊確率モデルを最初に紹介し、引き続いて、本章の残りの部分で信頼性の概念と方法を述べる。

3.1.2 確率変量の記述

一般に、確率変量 X は、確率密度関数 $f(x)$ および確率分布関数（累積確率関数）$F(x)$ で記述される。つまり、確率分布関数は、

$$F(x) = \text{Prob}[X \leq x] \tag{3.1}$$

で定義される。ここで Prob[−] は、第2章でも述べたように、− が成立する確率を意味する。また、確率密度関数は次式で定義され、

$$f(x) = \frac{d}{dx} F(x) \tag{3.2}$$

このことから、逆に、確率分布関数と確率密度関数には、

$$F(x) = \int_{-\infty}^{x} f(x) dx \tag{3.2'}$$

という関係にある。

さらに、確率変量を扱うときに有用なものとして期待値がある。確率変量 X の関数 $g(X)$ の期待値とは、次式で定義される量でそれ自体は確定変量であ

る。

$$E[g(X)] = \int_{-\infty}^{\infty} g(x)f(x)dx \tag{3.3}$$

とくに、$g(X) = X$, $g(X) = (X - E[X])^2$ のときは、

$$E[X] = \int_{-\infty}^{\infty} xf(x)dx,$$

$$E[(X - E[X])^2] = \int_{-\infty}^{\infty} (x - E[X])^2 f(x)dx$$

は、それぞれ、平均、分散と呼ばれている。以下、確率変数 X の平均、分散を μ_x, σ_x^2 と記す。また分散のルートをとったもの σ_x は標準偏差と呼ばれている。平均、分散は、確率分布の1次モーメント、2次モーメントとも呼ばれ、正規分布の場合などでは、この2つのモーメントが決まると分布の形状が確定するので極めて重要な量である。一般に、充分高次のモーメントまで分かれば確率分布の形状が決まる。これら、モーメントの工学的な決定には、データ（確率論の分野では標本と呼ばれる）から以下のように、具体的に計算できる統計量で推定することが多い。すなわち、ランダムに得た n 個のサンプル X_1, X_2, $\cdots$, X_n から、

$$\bar{X} = \frac{1}{n}\sum_{i=1}^{n} X_i, \quad V^2 = \frac{1}{n}\sum_{i=1}^{n}(X_i - \bar{X})^2 \tag{3.4}$$

と計算して求める。（厳密には、上記の統計量が平均、分散の不偏統計量（偏りがないという意味）となるためには、上記第2式の分母は n の代わりに $n-1$ とするが、充分な標本数 n のもとでは、両者の差は小さい）。

次項での議論のため、それぞれ平均 μ_x, μ_y, 分散 σ_x^2, μ_y^2 の互いに独立な2つの確率変数 X, Y が与えられているときの両者の差 $Z = X - Y$ の平均 μ_z, 分散 μ_z^2 がどうなるか調べておこう。ここで、互いに独立というのは、次式が成立していることをいう。

$$E[XY] = E[X]E[Y] \tag{3.5}$$

期待値の定義から、両者の差の平均は、

$$\mu_z = E[Z] = E[X-Y] = E[X] - E[Y] = \mu_x - \mu_y \tag{3.6}$$

であり、分散は、

$$\begin{aligned}
\sigma_z^2 &= E[(Z-\mu_z)^2] = E[(X-Y-\mu_z)^2] \\
&= E[X^2 - 2XY + Y^2 - 2(X-Y)\mu_z + \mu_z^2] \\
&= E[X^2 + Y^2] - 2E[XY] - 2E[X-Y]\mu_z + \mu_z^2 \\
&= E[X^2 + Y^2] - 2E[XY] - 2(\mu_x - \mu_y)\mu_z + \mu_z^2
\end{aligned}$$

であり、この式に (3.6) 式および独立性の条件 (3.5) を代入することで、

$$\begin{aligned}
\sigma_z^2 &= E[X^2 + Y^2] - 2\mu_x\mu_y - (\mu_x - \mu_y)^2 \\
&= E[X^2 + Y^2] - \mu_x^2 - \mu_y^2 \\
&= E[X^2 - \mu_x^2] + E[Y^2 - \mu_y^2] \\
&= E[X^2 - 2\mu_x X + \mu_x^2] + E[Y^2 - 2\mu_y Y + \mu_y^2] \\
&= E[(X - \mu_x)^2] + E[(Y - \mu_y)^2]
\end{aligned}$$

となるので、結局次式が得られる。

$$\sigma_z^2 = \sigma_x^2 + \sigma_y^2 \tag{3.7}$$

上記の結果 (3.6), (3.7) は、確率分布の形状に依存せずに得られた結果である。つまり、どんな確率分布であろうと成り立つ。

3.1.3 正規分布

確率密度関数が次式で与えられる確率分布を正規分布という。

$$f(x) = \frac{1}{\sqrt{2\pi}\sigma_x} \exp[-\frac{(x-\mu_x)^2}{2\sigma_x^2}] \tag{3.8}$$

この分布の平均、分散は、μ_x, σ_x^2 であり、この分布を $N[u_x, \sigma_x^2]$ と表記する。とくに $\mu_x = 0$, $\sigma_x^2 = 1$ の正規分布 $N[0,1]$ を標準正規分布という。標準正規分布の累積密度関数は、とくに $\Phi(x)$ と表記する。つまり、

$$\Phi(x) = \int_{-\infty}^{x} \frac{1}{\sqrt{2\pi}} \exp[-\frac{t^2}{2}]dt \tag{3.9}$$

である。この関数を用いると、正規分布 $N[u_x, \sigma_x^2]$ をなす確率変数 X の累積分布関数は、$\Phi((x-\mu_x)/\sigma_x)$ となる。すなわち、

$$\Phi(\frac{x-\mu_x}{\sigma_x}) = \int_{-\infty}^{x} \frac{1}{\sqrt{2\pi}\sigma_x} \exp[-\frac{(t-\mu_x)^2}{2\sigma_x^2}]dt \tag{3.10}$$

となる。このことから、正規分布 $N[u_x, \sigma_x^2]$ をなす確率変数 X が負となる確率は、上式の x に 0 を代入することで、

$$\Phi(\frac{-\mu_x}{\sigma_x}) = \int_{-\infty}^{0} \frac{1}{\sqrt{2\pi}\sigma_x} \exp[-\frac{(t-\mu_x)^2}{2\sigma_x^2}]dt \tag{3.11}$$

と表すことができる。

3.1.4 破壊確率モデル

限界状態設計法などでは、構造物の耐力 R およびそこに与えられる荷重 S が、

$$S > R \tag{3.12.1}$$

あるいは、

$$Z = R - S < 0 \qquad (3.12.2)$$

となると破壊が起こると考え、この状態を限界状態という。ところで、構造物の耐力は、材料強度のばらつきや施工過程での不確定要因の介入などの理由からばらつきを持っていると考えられる。また、荷重も、地震動のように極めてばらついていると考えた方がよい。つまり、耐力 R も荷重 S も確率変量と考えた方がよい。このように考えたとき、構造物の破壊確率は、

$$p_f = \text{Prob}[S > R] = \text{Prob}[Z < 0] \qquad (3.13)$$

と表される。この破壊確率は、構造物の安全性あるいは危険性を表す尺度として用いることができ、実際、限界状態設計法では、この破壊確率があらかじめ定めた許容確率以下になるように設計される。

さて、(3.13)式の破壊確率を具体的に求めるためには、耐力 R と荷重 S の確率分布の情報が必要である。もしも、耐力 R が、平均 μ_r、分散 σ_r^2 の正規分布 $N[u_r, \sigma_r^2]$ をなし、荷重 S も平均 μ_s、分散 σ_s^2 の正規分布 $N[u_s, \sigma_s^2]$ をなしているとすれば、破壊確率は、以下のように容易に求めることができる。

前々項の議論の結果から、耐力 R と荷重 S の差 Z の平均と分散は、

$$\mu_z = \mu_r - \mu_s, \quad \sigma_z^2 = \sigma_r^2 + \sigma_s^2$$

となる。また、その確率分布も正規分布になることが知られているので、差 Z の確率分布は、正規分布 $N[u_z, \sigma_z^2]$ をなしている。この結果のもとで、前項での議論の結果を用いれば、差 Z が負になる確率つまり破壊確率は、

$$p_f = \Phi(-\frac{\mu_z}{\sigma_z}) = \Phi(-\frac{\mu_r - \mu_s}{\sqrt{\sigma_r^2 + \sigma_s^2}}) \qquad (3.14)$$

となる。また、以下の指標 β を信頼性指標と呼んでいる。

$$\beta = \frac{\mu_z}{\sigma_z} = \frac{\mu_r - \mu_s}{\sqrt{\sigma_r^2 + \sigma_s^2}} \qquad (3.15)$$

耐力 R と荷重 S の確率分布が、ともに正規分布であれば、上記のように、具体的に破壊確率 p_f が計算できる。正規分布が平均と分散という1次および2次モーメントで決定されるのに対し、一般の確率分布は高次のモーメントが得られないと分布が決まらない。そのため、破壊確率 p_f の計算のためには耐力 R と荷重 S の高次モーメントの情報が必要であるが、破壊確率は、おおむね信頼性指標の増加に伴い減少の傾向にあるので、破壊確率の代わりに、この信頼性指標 β を安全性の尺度として用いることがなされている。このような方法では、確率分布の2次モーメントまでの情報だけで安全性を判断することになるので、2次モーメント法と呼ばれている。

3.2 信頼性解析の基礎

3.2.1 信頼性解析の基本的変量

時刻 t までにシステムが故障していない確率を信頼度と呼び $R(t)$ と表記する。また、時刻 t までにシステムが故障している確率 $F(t)$ を累積故障分布関数（信頼度との対比から不信頼度と呼ぶときもある）、時刻 t で故障が発生する確率 $f(t)$ を故障密度関数と呼ぶ。このとき、これらの量は、その定義から次のような関係になっている。

$$R(t) = 1 - F(t) = 1 - \int_0^t f(t)dt = \int_t^\infty f(t)dt \qquad (3.16.1)$$

$$R(0) = 1, \quad F(0) = 0 \qquad (3.16.2)$$

さらに、時刻 t で故障していなかったものが、時刻 $t+dt$ までに故障する確率を故障率（failure rate、hazard rate というときもある）という。この定義から、故障率は、信頼度を用いて次のように表すことができる。

$$z(t) = -\frac{1}{R(t)}\frac{dR(t)}{dt} \qquad (3.17)$$

この故障率 $z(t)$ から、先の関数 $R(t)$、$F(t)$、$f(t)$ を定めることもできる。この事実を以下で確認しておこう。上式を積分することで、

$$\int_0^t z(t)dt = -\ln R(t) + c$$

となるが、(3.16.2) より、上式の積分定数 c は 0 であることが分かる。したがって、次式が得られる。

$$R(t) = \exp[-\int_0^t z(t)dt]$$

さらに、(3.16.1) より、

$$F(t) = 1 - R(t) = 1 - \exp[-\int_0^t z(t)dt] \qquad (3.18)$$

である。また、

$$f(t) = \frac{dF(t)}{dt} = z(t)\exp[-\int_0^t z(t)dt] \qquad (3.19)$$

となっている。

以上のほか、実用上、頻繁に用いられるのが、平均寿命という量であり、これは、故障までの時間の平均値として、次式で定義される。

$$\theta = \int_0^\infty t \cdot f(t)dt \qquad (3.20)$$

3.2.2 指数型信頼度関数の導出

信頼度関数の具体的な形状については、対象とするシステムに関するデータから決定する必要があるが、理論的見地から汎用性のあるものとして、指数型信頼度関数が用いられることが多い。以下では、指数型信頼度関数に限定して、信頼性解析を検討する。

まず、故障発生現象の多くで成り立っていると思われる仮定を整理しておこう。

① 任意の時刻 T 以降の故障発生確率は、過去の故障発生に依存しない。
② 任意の時刻 T から $T+t$ までの間に故障が発生する確率は、どの時刻 T においても同一である。

上記の①②が成立しているとき、信頼度関数は指数型になることを以下に示す。

まず、単位時間を n 等分し、時間間隔 $1/n$ に故障が発生しない確率を考えると、仮定②より、n 個の時間間隔でそれぞれ $R(1/n)$ になっている。また、仮定①より、それぞれの時間間隔で起きる現象は独立事象とみなせる。したがって、単位時間に故障が発生しない確率は以下のようになる。

$$R(1) = \{R(1/n)\}^n \tag{3.21}$$

ここで、

$$\alpha = R(1), \quad 0 \leq \alpha \leq 1 \tag{3.22}$$

とおけば、(3.21)式より、

$$R(1/n) = \alpha^{1/n} \tag{3.23}$$

が得られる。同様の議論を単位時間の代わりに時間間隔 k/n について行うと、

$$R(k/n) = \{R(1/n)\}^k = \alpha^{k/n} \tag{3.24}$$

を得る。ここで、$R(t)$ は時間に関して非増加関数であるので、

$$\frac{k-1}{n} < t \leq \frac{k}{n}$$

なる t について、

$$R(\frac{k-1}{n}) \geq R(t) \geq R(\frac{k}{n})$$

を満足している。つまり、

$$\alpha^{(k-1)/n} \geq R(t) \geq \alpha^{k/n}$$

となっている。そこで、分割数 n を無限大に近づけると k/n と $(k-1)/k$ は t に近づく。したがって、上式の左辺、右辺ともに α^t に収束する。したがって、

$$R(t) = \alpha^t \tag{3.25}$$

となる。

　ところで、(3.22)式より、$\alpha = 0$ の場合は単位時間に故障が発生しない確率が0ということで、どんな単位時間でも必ず故障が発生することになり、われわれの扱う問題として意味が無い。一方、$\alpha = 1$ の場合は(3.25)式より任意の時間 t で、$R(t) = 1$ となり、故障がまったく発生していないことになる。この場合もわれわれの問題としてそぐわない。したがって、

$$0 < \alpha < 1$$

の範囲で考えればよいことになる。この事実のもとでは、正のパラメータ λ を用いて、

$$\alpha = e^{-\lambda}$$

と表現できる。したがって、これを(3.25)式に代入することで、次式が得られる。

$$R(t) = e^{-\lambda t} \tag{3.26}$$

3.2.3 指数型信頼度関数での基本変量

(3.26)式で示される指数型信頼度関数での、基本変量を計算してみよう。

まず、累積故障分布関数 $F(t)$、故障密度関 $f(t)$ については、

$$F(t) = 1 - e^{-\lambda t} \tag{3.27.1}$$

$$f(t) = \lambda e^{-\lambda t} \tag{3.27.2}$$

となる。

故障率 $z(t)$ については、以下のようになる。

$$z(t) = -\frac{1}{e^{-\lambda t}} \frac{de^{-\lambda t}}{dt} = \lambda \tag{3.28}$$

この式は、指数型信頼度関数の導出の前提である仮定②を反映したものであり、故障率が一定なシステムの信頼度は指数型となることを意味している。

次に、平均寿命を求める。(3.20)式の定義式に(3.27.2)式を代入して

$$\theta = \int_0^\infty t \cdot \lambda e^{-\lambda t} dt \tag{3.29}$$

この右辺の積分を部分積分法で、計算すれば、

$$\int_0^\infty t \cdot \lambda e^{-\lambda t} dt = \int_0^\infty e^{-\lambda t} dt - [te^{-\lambda t}]_0^\infty$$
$$= [-\frac{1}{\lambda} e^{-\lambda t}]_0^\infty - [te^{-\lambda t}]_0^\infty$$

となるので、結局、次の結果を得る。

$$\theta = \frac{1}{\lambda} \tag{3.30}$$

上式は、指数型信頼度関数のもとでは、平均寿命がパラメータ λ の逆数として定まることを示している。

逆に、平均寿命が計測できれば、(3.30) 式よりその逆数としてパラメータ λ が決まるので、信頼度関数が以下のように表される。

$$R(t) = e^{-\frac{t}{\theta}} \tag{3.31}$$

つまり、指数型信頼度関数の場合、平均寿命が信頼度を決定づけているといえる。そこで、平均寿命をとくに MTBF (Mean Time Between Failure、修復が想定可能なシステムの場合)、または、MTTF (Mean Time To Failure、修復の無いシステムの場合) と呼ぶこともある。

さらに、実際の計算では、$t/\theta \ll 1$ の場合、(3.31) 式は

$$\begin{aligned} R(t) &= e^{-\frac{t}{\theta}} \\ &= 1 - \frac{t}{\theta} + \frac{1}{2!}\left(\frac{t}{\theta}\right)^2 - \frac{1}{3!}\left(\frac{t}{\theta}\right)^3 + \cdots \\ &\cong 1 - \frac{t}{\theta} \end{aligned} \tag{3.32}$$

と近似計算することも多い。

3.2.4 指数型信頼度関数でのパラメータ推定

指数型信頼度関数のパラメータ λ を推定する問題を考えよう。指数型信頼度関数においては、(3.30) 式に示されているように、パラメータ λ は平均寿命 θ の逆数になっているので、平均寿命 θ を推定すればよい。これは、故障発生時間の平均値に他ならないので、故障発生時間を計測すればよいことになる。しかしながら、一定時間観察しても故障が発生しない場合もある。故障し

なかったものをどのように扱うかという問題がある。以下では、N個のサンプルを準備し、T時間観測したとき、r個が時刻Tまでに故障し、$N-r$個のサンプルで故障が発生しなかった場合を考える。r個のサンプルの故障発生時間はそれぞれt_i（$i=1～r$）とする。

母集団の平均寿命を$\hat{\theta}$とする。まず、時刻Tで故障していなかった$N-r$個のサンプルについて考える。指数型信頼度関数の前提であった、「①任意の時刻T以降の故障発生確率は、過去の故障発生に依存しない」を思い出そう。この仮定から、まだ故障していないサンプルが時刻T以降に故障する時間の期待値は平均寿命$\hat{\theta}$のはずである。したがって、観察開始からの故障発生時間の期待値は$T+\hat{\theta}$となる。一方、平均寿命$\hat{\theta}$の推定値は、全サンプルの故障発生の期待値に一致しているはずである。以上のことから、

$$\hat{\theta} = \frac{1}{N}\{t_1 + t_2 + \dots + t_r + (N-r)(T+\hat{\theta})\} \tag{3.33}$$

が成立している。この式を整理すると、

$$\hat{\theta} = \frac{1}{r}\{t_1 + t_2 + \dots + t_r + (N-r)T\} \tag{3.34}$$

が得られる。これが、平均寿命の推定値である。

指数型信頼度関数のパラメータλは(3.34)で与えられる平均寿命の逆数として定まる。

3.3 構造関数

3.3.1 構造関数とブール代数表現

実際の現象では、部品1つの故障だけが問題となることは稀で、さまざまな部品が複雑に構成されて全体として機能するかどうかが問題となる。つまり、問題としている故障や失敗という事象は、他の事象の生起に依存してい

る。そこで、事象間の関係構造が重要になってくる。

まず、構成要素を素子と呼び、n 個の素子からなるシステムを考える。各素子の状態は、機能しているか、機能していないかの2種類しかなく、i 番目の素子の状態 x_i は、機能しているとき 1、機能していないとき 0 で表す。また、このシステムの状態も機能しているか、機能していないかの2種類であり、システムの状態 ϕ も機能しているとき 1、機能していないとき 0 で表す。各素子の状態が決まれば、システムの状態 ϕ も決まる。したがって、

$$\phi = \phi(x_1, x_2, \ldots, x_n) \tag{3.35}$$

と表すことができる。この関数を構造関数という。

この構造関数を効率よく記述するため、ブール代数を利用する。つまり、以下の演算を定義しておく。

$$x \wedge y = \min\{x, y\} \tag{3.36.1}$$

$$x \vee y = \max\{x, y\} \tag{3.36.2}$$

$$\sim x = \bar{x} = 1 - x \tag{3.36.3}$$

(3.36.1)~(3.36.3) の演算子の意味は、それぞれ「かつ」「または」「否定」である。

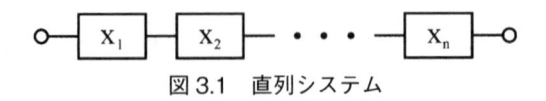

○—[X_1]—[X_2]— ・・・ —[X_n]—○

図 3.1　直列システム

例えば、図 3.1 のような直列システムでは、すべての素子が機能しないとシステム全体が機能しない。したがって、この場合の構造関数は、

$$\phi = x_1 \wedge x_2 \wedge \ldots \wedge x_n \tag{3.37}$$

と表すことができる。

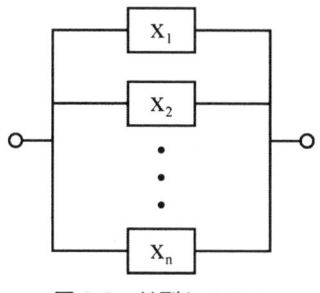

図3.2 並列システム

次に、図3.2のような並列システムを考えると、少なくとも1つの素子が機能すれば全体システムも機能するので、構造関数は次のようになる。

$$\phi = x_1 \vee x_2 \vee ... \vee x_n \tag{3.38}$$

さて、(3.36.1)~(3.36.3)より、

$$\overline{x \wedge y} = \overline{x} \vee \overline{y} \tag{3.39.1}$$

$$\overline{x \vee y} = \overline{x} \wedge \overline{y} \tag{3.39.2}$$

$$\overline{\overline{x}} = x \tag{3.39.3}$$

が成立していることに注意する。
あるシステムSの構造関数ϕにおいて、

$$\phi_{(dual)}(x_1, x_2, ..., x_n) = \overline{\phi(\overline{x_1}, \overline{x_2}, ..., \overline{x_n})} \tag{3.40}$$

となる構造関数を持つシステム$S_{(dual)}$をシステムSの双対システムという。

先に(3.37)式の構造関数を持つ直列システムの場合、(3.39.1)(3.39.3)式を用いて、

$$\overline{\overline{x_1} \wedge \overline{x_2} \wedge ... \wedge \overline{x_n}} = \overline{\overline{x_1}} \vee \overline{\overline{x_2}} \vee ... \vee \overline{\overline{x_n}} = x_1 \vee x_2 \vee ... \vee x_n \tag{3.41}$$

と変形できることから、(3.38)式の構造関数を持つ並列システムは、直列システムの双対システムということが分かる。この双対関係を把握しておくと、信頼度計算が容易になることが多い。

3.3.2 最小パスと最小カット

上述の直列システムや並列システムの場合の構造関数は単純で、構造関数を容易に求めることができた。しかし、一般のシステムでは、構造関数が複雑になり、構造関数を求めることが難しい場合もある。そこで、以下では、最小パスと最小カットの概念を用いて構造関数を求める方法を検討する。

各素子の状態は0または1で表されていたが、曖昧さがなければ、

$$x = (x_1, x_2, \ldots, x_n) \tag{3.42}$$

と通常のベクトル表現のように記述することにする。また、すべての素子で $x_i \leq y_i$ であり、少なくとも1つの i につい $x_i < y_i$ が成立するとき、$x < y$ と書くことにする。

また、番号の集合

$$C_0(x) = \{i \mid x_i = 0\}, \quad C_1(x) = \{i \mid x_i = 1\} \tag{3.43}$$

を定める。前者は、ベクトル x のうち機能していない状態にある素子の番号の集合であり、後者は、ベクトル x のうち機能している状態にある素子の番号の集合である。

以上の準備のもとで、最小パスと最小カットが定義できる。

$\phi(x) = 1$ となるベクトル x をパス・ベクトルと呼び、$C_1(x)$ をパス集合と呼ぶ。さらに、$y < x$ なベクトル y は $\phi(y) = 0$ となっているとき、ベクトル x を最小パス・ベクトルと呼び、$C_1(x)$ を最小パス集合と呼ぶ。

最小パス集合の双対概念である最小カット集合も次のように定義できる。$\phi(x) = 0$ となるベクトル x をカット・ベクトルと呼び、$C_0(x)$ をカット集合と呼ぶ。さらに、$x < y$ なベクトル y は $\phi(y) = 1$ となっているとき、ベクトル

x を最小カット・ベクトルと呼び、$C_0(x)$ を最小カット集合と呼ぶ。

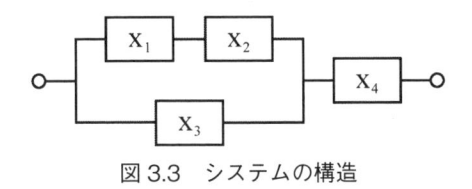

図 3.3　システムの構造

やや抽象的な定義となってしまったので、例で確認しておこう。図 3.3 のシステムでは、構造関数は、

$$\phi = ((x_1 \wedge x_2) \vee x_3) \wedge x_4 \tag{3.44}$$

となっており、パス集合は、$\{1, 2, 3, 4\}$, $\{1, 2, 4\}$, $\{3, 4\}$ ということになる。つまり、素子が機能しないことをその素子で切断したと見なせば、図の左端部から右端部まで連結しているケースがパス集合である。また、これ以上切断箇所を増やすと左端部から右端部まで連結できなくなってしまうケースが最小パス集合であり、$\{1, 2, 4\}$, $\{3, 4\}$ ということになる。この意味は、全体が機能するということは、図の左端部から右端部まで連結していることなので、それは素子 1 素子 2、素子 4 が機能しているときか、素子 3 と素子 4 が機能しているときなので、構造関数は、

$$\phi = (x_1 \wedge x_2 \wedge x_4) \vee (x_3 \wedge x_4) \tag{3.45}$$

ということになる。このように最小パス集合が得られれば、1 つの最小パス集合に含まれる素子をすべて「かつ」でつなげ、それらを最小パス集合のすべてにわたり「または」で連結された形が構造関数になる。(3.45) 式は、簡単な論理変形で (3.44) 式に一致する。

一方、カット集合は、$\{1, 2, 3, 4\}$, $\{1, 2, 3\}$, $\{1, 3\}$, $\{2, 3\}$, $\{4\}$ である。これは、各素子のところで、切断した場合に図の左端部から右端部まで連結しなくなるような切断箇所の組合せである。また、この切断箇所を 1 つでも繋げると連結してしまうケースが最小カット集合であり、図の例では $\{1, 3\}$, $\{2,$

3}, {4} である。

　最小カット集合の意味から、全体が機能しなくなるのは、いずれかの最小カット集合で切断されたときであり、各最小カット集合の要素である素子がすべて機能しないときに切断がおこるので、全体が機能しないという場合は、最小カット集合 {1, 3}, {2, 3}, {4} を用いて以下のように表すことができる。

$$\overline{\phi} = (\overline{x_1} \wedge \overline{x_3}) \vee (\overline{x_2} \wedge \overline{x_3}) \vee \overline{x_4} \tag{3.46}$$

この事実から、最小カット集合を用いて構造関数は以下のようになる。

$$\phi = \overline{\overline{\phi}} = \overline{(\overline{x_1} \wedge \overline{x_3}) \vee (\overline{x_2} \wedge \overline{x_3}) \vee \overline{x_4}} \tag{3.47}$$

　先に求めた (3.45) 式と (3.47) 式は、表現として異なっているように見えるが、簡単な論理変形で、両者が一致しているのが分かる。もちろん、(3.47) 式と (3.44) 式も論理的に等価である。

　以上みてきたように、構造関数がシステムの構造を表しており、全体システムが機能する最低限の各素子の機能状態を最小パス集合が表し、全体システムが機能しない各素子の非機能状態を最小カット集合が表していることがわかる。

3.4　フォールト・ツリー・アナリシス（FTA）

3.4.1　フォールト・ツリー

　われわれの関心が重大な事故や失敗にあり、それらが、さまざまの出来事の連鎖として生じている。このような観点から、問題とする故障・失敗がどのような事象が生起したときに生起するかをツリー（樹木図）に図示し、解析する方法が、フォールト・ツリー・アナリシス（FTA）である。

　まず、事象間の上下関係を把握する。これは、A という事象が失敗するか否かに影響を与える事象を $B_1, B_2, \ldots, B_n$ とするとき、A が上位、$B_1, B_2, \ldots, B_n$ が下位である。

一般的には、下位の事象が失敗（故障）事象のときに上位事象が失敗する。このとき、下位の事象がすべて故障したときのみに上位事象が失敗する場合もあれば、下位の事象の1つが故障しただけで上位事象が失敗する場合もある。前者の場合の上位と下位の接続を AND ゲート、後者の場合のそれを OR ゲートと呼び、図3.4のように描く。

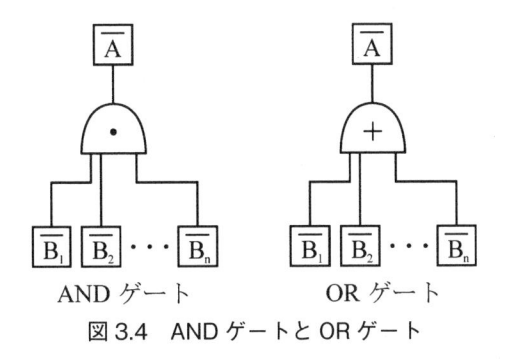

図 3.4　AND ゲートと OR ゲート

下位の事象のそれぞれについても、それらに影響するさらに下位な事象があれば、同様な上位・下位の接続が描かれる。一番下位の事象を基本事象といい、フォールト・ツリーの図では、図3.5のように、円で囲まれた記号で表現される。また、一番上位の事象を頂上事象という。

例として以下の場合を考えよう。あるシステム S が故障するのは、サブ・システム A と B が共に故障したときであり、サブ・システム A が故障するのは、サブ・システム C または D が故障したときだとする。この場合、全体システム S の故障という頂上事象 $\bar{S}$ は、サブ・システム A の故障という事象 $\bar{A}$ とサブ・システム B の故障という事象 $\bar{B}$ とが、AND ゲートで結ばれる。これは、論理式

$$\bar{S} = \bar{A} \wedge \bar{B} \tag{3.48}$$

に相当する。ここで、バー記号 $\bar{X}$ は X の否定、記号 ∧ は論理積つまり「かつ」を表す。

次に、サブ・システムAの故障という事象$\overline{A}$は、サブ・システムCの故障という事象$\overline{C}$とサブ・システムDの故障という事象$\overline{D}$とが、ORゲートで結ばれる。これを論理式で書くと次のようになる。

$$\overline{A} = \overline{C} \vee \overline{D} \tag{3.49}$$

ここで、記号∨は論理和つまり「または」を表す。

全体をつなげて描くと、図3.5のようになる。

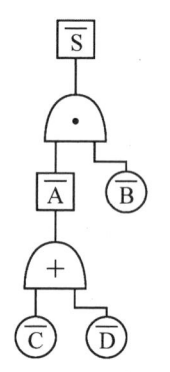

図3.5　フォールト・ツリーの例

また、全体の関係を論理式で表せば、

$$\overline{S} = (\overline{C} \vee \overline{D}) \wedge \overline{B} \tag{3.50}$$

となっている。

3.4.2　ブロック図

フォールト・ツリーを構成するときは故障もしくは失敗する事象の関係を検討したが、今度は、各サブ・システムが故障しないこと、つまり正常状態である場合はどういう状況かという視点で検討してみよう。前項の例で検討する。

まず、サブ・システムAが正常な場合は、サブ・システムCとDがどういう状況のときかを考えてみよう。サブ・システムCとDの状況の組み合わせ

をしらべると、サブ・システム C と D がともに正常のときにサブ・システム A が正常となることが分かる。この事実は、(3.49) 式の否定をとることで、以下のように導くことができる。

$$\bar{\bar{A}} = \overline{\bar{C} \vee \bar{D}} \tag{3.51}$$

となり、さらに、この式の左辺の 2 重否定はもとと同じ A であり、右辺はドモルガンの定理から、次のように変形できる。

$$A = \bar{\bar{C}} \wedge \bar{\bar{D}} = C \wedge D \tag{3.52}$$

(3.52) の事実を、C の部分も D の部分ともに連結していないと A が連結していないというイメージで、図 3.6a のように描き、(C と D の)「直列」と呼ばれる。

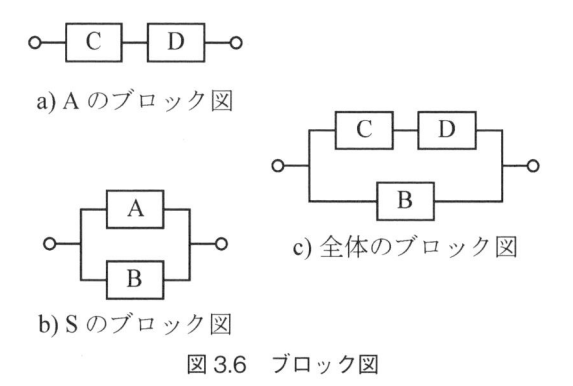

a) A のブロック図

b) S のブロック図

c) 全体のブロック図

図 3.6 ブロック図

次に、サブ・システム A とサブ・システム B から構成される全体システム S について検討する。サブ・システム A と B の状況の組み合わせをしらべると、サブ・システム A または B が正常のときに全体システム S が正常となることが分かる。この事実も、論理式 (3.48) 式より、論理変形で次式が導ける。

$$S = A \vee B \tag{3.53}$$

このとき、図3.6bのように、描かれ、(AとBの)「並列」と呼ばれる。
　先に描いたAを並列の図の中に描くことで、全体の図3.6cが描ける。これを「ブロック図」という。
　また、(3.53)式に(3.52)式を代入すると、

$$S = \phi = (C \wedge D) \vee B \tag{3.54}$$

となるが、これが、このブロック図の構造関数である。

3.4.3　直列および並列の信頼度計算

　直列の部分の信頼度を考えてみよう。例では、サブ・システムCとDから構成されるサブ・システムAの部分である。直列の場合、サブ・システムともに正常のとき全体が正常なので、全体の信頼度はサブ・システムの信頼度の積になる。例の場合では、

$$R_A(t) = R_C(t) \cdot R_D(t) \tag{3.55}$$

　次に、並列の場合を考えてみよう。例では、サブ・システムAとBから構成される全体システムSの部分である。この場合は、Sが故障するのは、サブ・システムAとBが故障するときであるから、

$$1 - R_S(t) = (1 - R_A(t)) \cdot (1 - R_B(t)) \tag{3.56}$$

であるので、ここから、次式が得られる。

$$R_S(t) = R_A(t) + R_B(t) - R_A(t) \cdot R_B(t) \tag{3.57}$$

例の場合の信頼度は、(3.57)式に(3.55)式を代入することで、

$$R_S(t) = R_C(t) \cdot R_D(t) + R_B(t) - R_C(t) \cdot R_D(t) \cdot R_B(t) \tag{3.58}$$

と求めることができる。
　しかし、より一般的な信頼度計算の場合、注意すべきことがある。

3.4.4 共通原因故障問題

前項の信頼度計算では、同一のサブ・システムが複数の箇所で現れるということはなかった。しかし、実際の問題では、停電というひとつの故障現象が、照明装置の使用不能の原因であり、同時に通信装置の使用不能の原因になっているという場合がある。前項までの議論では、各サブ・システムの故障発生は独立事象としてきたが、停電の例のような場合には、停電が関与する故障は独立事象とはいえなくなるので、信頼度の計算は今までのままでは誤ったものになってしまう。この点を検討するため、先の例を若干修正し、サブ・システムDの部分がサブ・システムBに置き換わったシステムS'を例とする。フォールト・ツリーとブロック図は、図3.7のようになっている。

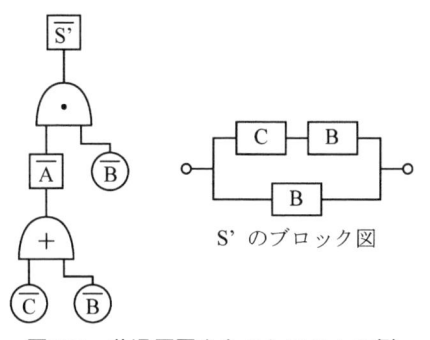

図3.7 共通原因をもつシステムの例

このとき、(3.58) 式の $R_D(t)$ のところに $R_B(t)$ を代入して、

$$R_{S'}(t) = R_C(t) \cdot R_B(t) + R_B(t) - R_C(t) \cdot R_B(t) \cdot R_B(t) \tag{3.59}$$

とすると正しくない。

この問題を扱うためには、先の構造関数を特定することから始める必要がある。ブロック図において、パス集合は {C, B}, {B} であり、最小パス集合は {B} である。カット集合は {C, B}, {B, B} (= {B})、であり、最小カット集合は、{B} である。修正システムの構造関数は、

$$S' = \phi' = B \tag{3.60}$$

となる。

したがって、修正システムの信頼度は、

$$R_{S'}(t) = R_B(t) \tag{3.61}$$

となっている。(3.59) 式が誤っていることが分かる。

3.4.5 指数型信頼度関数での組合せシステム

信頼度関数が指数型の場合、それらを組み合わせてできるシステムの信頼度を求めておこう。

2つのサブ・システム S1, S2 の信頼度をそれぞれ $R_1(t)$, $R_2(t)$ とする。最初に検討するシステムは、S1 および S2 の両方が正常なときに限り組合せシステム S は正常となる直列システムシステムである。この場合、組合せシステムの信頼度は、

$$R(t) = R_1(t) \cdot R_2(t) \tag{3.62}$$

となる。

$$R_1(t) = e^{-\lambda_1 t} = e^{-t/\theta_1},\ R_2(t) = e^{-\lambda_2 t} = e^{-t/\theta_2} \tag{3.63}$$

を (3.62) 式に代入することで、

$$R(t) = e^{-(\lambda_1+\lambda_2)t} = e^{-(1/\theta_1+1/\theta_2)t} \tag{3.64}$$

となる。このことから、組合せシステムの平均寿命 θ は、

$$\frac{1}{\theta} = \frac{1}{\theta_1} + \frac{1}{\theta_2} \tag{3.65}$$

という関係になるので、

$$\theta = \frac{\theta_1 \theta_2}{\theta_1 + \theta_2} \tag{3.66}$$

と求めることができる。ちなみに、2つのサブ・システムの平均寿命が等しいとき、(3.66)式は、

$$\theta = \frac{\theta_1}{2} \tag{3.67}$$

となる。直列システムでは、組合せによって信頼度が低下しているのがわかる。

次に、2つのサブ・システム S1 および S2 の両方が故障したときに限り組合せシステム S は故障となる並列システムを検討する。この場合、全体が故障する確率が2つのサブ・システムが両方とも故障する確率に等しいので、

$$1 - R(t) = (1 - R_1(t)) \cdot (1 - R_2(t)) \tag{3.68}$$

が成立している。したがって、

$$R(t) = R_1(t) + R_2(t) - R_1(t) \cdot R_2(t) \tag{3.69}$$

が得られ、サブ・システムの信頼度から、組合せシステムの信頼度が求まることになる。2つのサブ・システムの信頼度が等しい場合には、

$$\begin{aligned} R(t) &= 2R_1(t) - \{R_1(t)\}^2 \\ &= 2e^{-\lambda_1 t} - e^{-2\lambda_1 t} \\ &= e^{-\lambda_1 t}\{2 - e^{-\lambda_1 t}\} \end{aligned} \tag{3.70}$$

となって、充分大きな時間 t の場合には、組合せシステムの信頼度はサブ・システムの2倍近くになることが分かる。これが、信頼度を上昇させるために並列化を行う理由である。

第4章

評価判定システムの基本構造とその最適化

4.1 安全評価システム

近年の建築安全研究の成果は着実に建築基準法や消防法の技術基準に生かされている。例えば、火災現象を定量的に把握し評価する方法は、建築基準法の性能規定化で中心的役割を担っている。これら新たな性能評価の技術体系は、実用段階でのさまざまな具体的事例からのフィードバックを通じて改善が期待されている。

これまで、性能評価の技術体系はいかにあるべきか、現行の評価方法をどう改善すべきかについての発言・提言が、行政、設計者、研究者などのさまざまな立場からなされてきた。各立場からの意見に見られる差異には、純粋に物理現象としての火災現象に対する評価の問題もあるが、人命被害、財産損失に対する認識の違いなどもあり、物理現象以外の問題も視野にいれた科学的な議論の枠組みが必要に思える。

本章では、上記の認識に立ち、安全評価システムの良し悪しを議論するための枠組みの構築を目指し、安全評価システムを数理的に定式化し、その役割・意義を明確化するとともに、確率論的な考察から、最適な安全評価システムが持つべき条件を求め、現行の評価システムの改善を図るための方向性を検討する。また、現行の安全評価システムで採用されているポイント加算型評価の妥当性を検討する。

4.2 評価システムの基本構造

4.2.1 現行安全評価システムの例

制度化されている評価システムが共通して持っている特徴を整理することから検討を始めたい。

火災安全に関するものの中から代表例として最初に引用すべきものに、避難安全検証法[26]など建築基準法の性能規定の適合性を判定する評価システム

がある。いわゆるルートBである。この場合、申請者が評価システムでの判定に必要な資料として対象建築物の各種の値を明示し、評価システムの定める方法により各種の指標値を計算し、計算された指標値が評価システムの定める範囲に入っている場合に、「合格」ないし「適」と判定する。申請者により提示された「適」判定までの計算・判定資料を、建築確認担当者が確認する。消防法における性能規定の判断プロセスも同様である。評価システムの判定に必要な資料を明示し、定まった方法・手続きで適否を判定するという意味では、仕様規定を満足しているかどうかを判定するルートAも、このタイプの評価システムに入る。

一方、建築基準法のルートCでは、対象建築物が特殊な防火技術を用いた場合にでも、その特殊な状況や問題点に応じて安全性確認するため、その都度、安全確認の判定計算・手続きが異なる。改正前の建築基準法38条に基づく防災性能評定もこのタイプに属する。

上記の他に、品格法 [27] の安全評価がある。評価結果が適否ではなく等級になっている点が、建築基準法の性能評価と異なる。これに類似したものとして、建築センター防災計画評定におけるランク評価があり、ランク評価で高水準のものに保険料率を優遇するという制度と連携させている。

評価方法が評価対象に依存して変化するルートCタイプのものは、評価方法を固定的に把握することが困難なので、本章では研究の範囲から除外して考えざるをえない。したがって、本章での評価システムは、申請者が提示した資料から、明示されている評価方法により評価値を求め、評価値が適否あるいは等級であるものとする。

4.2.2 建築安全評価システムの定式化

評価対象は図面や数値もしくは仕様記述で表現されるが、これらから、評価システムの評価方法により各種の計算や判定を行うので、データと呼ぶことにする。具体的には、寸法や性能値などの連続変量と選択材料や防火設備種類などのカテゴリー変量からなる。各変量の値 x_i を要素とするベクトル x でデー

タを表し、このデータの集合を D とする。

$$x = (x_1, x_2, ..., x_m)^T \tag{4.1.1}$$

$$x \in D \tag{4.1.2}$$

一方、評価結果は適否や等級である。しかし、これらの評価は、広い意味でのクラス分類とみなせるので、評価クラスと呼び、$C_1, C_2, ... , C_n$ で表す。適否判断の場合は、$n = 2$ の場合である。

評価システム J は、評価対象のデータ x から評価対象の属する n 個のクラスのいずれかに決定する。このプロセスを以下の議論のために次のように記述する。

$$J(x) = (J_1(x), J_2(x), ..., J_n(x))^T \tag{4.2.1}$$

$$J_i(x) = 1 \, or \, 0, \quad \sum_{i=1}^{n} J_i(x) = 1 \tag{4.2.2}$$

つまり、上式において、決定したクラスが C_i のとき、$J_i(x)$ のみが 1 でそれ以外は 0 となっている。

4.3 評価システムの役割・意義

まず、評価システムが果たしている役割、存在意義について検討しておこう。

本節の議論では、クラス数が 3 以上であっても本質的に変わらないので、クラス数を 2 と単純化した場合で検討する。すなわち、適否判定をする評価システムを想定し、

C_1；もしも、このクラスのものがそのまま建設されると、l_1 という損害が予想され、評価システムでこのクラスに判定されると、建設は禁止される。

C_2；このクラスのものが建設されると、b_2 という利益が予想され、評価シ

ステムでこのクラスに判定されると、建設は許可される。

上記の前提で、評価システムが存在しておらず、申請者が自由に建設してしまうときの利益期待値は、それぞれのクラスの発生確率を P_1, P_2 とすると

$$B_0 = -P_1 \cdot l_1 + P_2 \cdot b_2 \tag{4.3}$$

である。一方、評価システムが存在して、常に正しい評価をする場合の利益期待値は、

$$B_1 = P_2 \cdot b_2 \tag{4.4}$$

であり、その差は、以下のようになる。

$$\Delta B_{10} = B_1 - B_0 = P_1 \cdot l_1 \tag{4.5}$$

上式左辺は正であり、評価システムが存在することにより、$P_1 \cdot l_1$ の期待損害が事前に防止されることで、その分の利益増加がもたらされている。これが、評価システムの存在意義であり、役割である。

実際には、評価システムは完全ではなく、誤った判断をする可能性がある。評価システム J が、クラス C_i と評価すべき評価対象をクラス C_j と評価してしまう確率を $P_J(i \to j)$ とすると、実際の評価システムの利益期待値は、

$$B = -P_1 \cdot P_J(1 \to 2) \cdot l_1 + P_2 \cdot P_J(2 \to 2) \cdot b_2 \tag{4.6}$$

となる。完全な評価システムの場合と、誤りの可能性のある評価システムの場合との利益期待値の差、

$$\begin{aligned}\Delta B_1 &= B_1 - B \\ &= P_1 \cdot P_J(1 \to 2) \cdot l_1 + P_2 \cdot (1 - P_J(2 \to 2)) \cdot b_2\end{aligned} \tag{4.7}$$

は、

$$P_J(2 \to 1) + P_J(2 \to 2) = 1 \tag{4.8}$$

であることに注意すると、以下のようになる。

$$\Delta B_1 = P_1 \cdot P_J(1 \to 2) \cdot l_1 + P_2 \cdot P_J(2 \to 1) \cdot b_2 \tag{4.9}$$

上式右辺の各量は非負の量なので全体として非負である。したがって、誤りの可能性によって、完全な評価システムに比較して ΔB_1 だけ利益期待値は減少してしまう。

以上の結果を整理すると、評価システムの導入で利益期待値は ΔB_{10} だけ上昇すると期待できる。しかし、評価システムが誤りを持つため、上昇分から ΔB_1 だけ減少してしまうということが分かる。したがって、減少分 ΔB_1 をできるだけ小さく抑えることが、評価システムの良し悪しを検討する上で重要であることが分かる。

4.4 評価システムの最適化

4.4.1 損失最小評価システムと誤り最小評価システム

前節の議論ではクラス数が2で誤りの可能性のある場合の利益期待値を表す(4.6)式を導いたが、これをクラス数が n の場合に一般化しておこう。ただし、利益期待値とは逆に損失期待値で考える。

クラス C_i の発生確率を P_i、評価システム J が、クラス C_i と評価すべき評価対象をクラス C_j と評価してしまう確率とそのときの損害を $P_J(i \to j)$、l_{ij} とすると、データ x のときの損失期待値は以下のように表すことができる。

$$L(J(x)) = \sum_{i=1}^{n} \sum_{j=1}^{n} P_i \cdot P_J(i \to j) \cdot l_{ij} \tag{4.10}$$

また、上式で、各ケースでの損害 l_{ij} を、正しく判定されたときは0、そうでないときは1とおいたもの、つまり、

$$l_{ii} = 0 \tag{4.11.1}$$

$$l_{ij} = 1 \ (i \neq j) \tag{4.11.2}$$

とした場合は、誤り確率の総和は次のように表せる。

$$P_e(J(x)) = \sum_{i=1}^{n} \sum_{j=1, j \neq i}^{n} P_i \cdot P_J(i \to j) \tag{4.12}$$

われわれの課題は、(4.10) 式で表される期待損失 $L(J(x))$ を最小化する損失最小評価システム、あるいは、(4.12) 式で表される誤り確率総和 $P_e(J(x))$ を最小化する誤り最小評価システムを求めることである。

4.4.2 損失最小評価システム

期待損失を表す (4.10) 式右辺において、評価システム J によって異なるのは、クラス C_i と評価すべき評価対象をクラス C_j と評価してしまう確率 $P_J(i \to j)$ の部分である。評価システムは、(4.2) 式で示されるようにデータ x をもとに判断していた。つまり、クラス C_i のときにデータ x が生起して、評価システムが、この x をもとにクラス C_j と評価していた。クラス C_i のもとでデータ x が生起する条件確率を $P(x|C_i)$ と表す。このとき、確率 $P_J(i \to j)$ は、以下のように表すことができる。

$$P_J(i \to j) = J_j(x) \cdot P(x|C_i) \tag{4.13}$$

したがって、(4.13) 式を (4.10) 式に代入することで、期待損失は、以下のようになる。

$$L(J(x)) = \sum_{i=1}^{n} \sum_{j=1}^{n} P_i \cdot J_j(x) \cdot P(x|C_i) \cdot l_{ij} \tag{4.14}$$

データ x をもとにクラス C_k と評価する評価システムを $J^{(k)}(x)$ と表すとき、(4.14) 式は次のようになる。

$$L(J^{(k)}(x)) = \sum_{i=1}^{n} P_i \cdot P(x \mid C_i) \cdot l_{ik} \tag{4.15}$$

したがって、$k = 1\sim n$ のうちで、上記右辺の値が最小なものを選べば、それが期待損失最小な評価システムになっていることが分かる。つまり、以下の命題が成立している。

命題 1：(4.15) 式の値を最小とする、すなわち、次式を満足する評価システム $J^{(k*)}(x)$ が期待損失最小評価システムである。

$$L(J^{(k*)}(x)) = \min_{k}[L(J^{(k)}(x))] \tag{4.16}$$

上記命題の意味を明確にするため、再びクラス数が 2 の場合で考えておく。このとき、

$$L(J^{(1)}(x)) = P_1 \cdot P(x \mid C_1) \cdot l_{11} + P_2 \cdot P(x \mid C_2) \cdot l_{21} \tag{4.17.1}$$

$$L(J^{(2)}(x)) = P_1 \cdot P(x \mid C_1) \cdot l_{12} + P_2 \cdot P(x \mid C_2) \cdot l_{22} \tag{4.17.2}$$

である。命題 1 によれば、

$$L(J^{(1)}(x)) \leq L(J^{(2)}(x)) \tag{4.18}$$

ならば $J^{(1)}(x)$ を採用し、そうでなければ $J^{(2)}(x)$ を採用すべきであることが分かる。(4.18) 式は、(4.17) 式を代入し整理すると、以下のようになる。

$$(l_{12} - l_{11})P_1 \cdot P(x \mid C_1) \geq (l_{21} - l_{22})P_2 \cdot P(x \mid C_2) \tag{4.19}$$

一般に、正しく判定したほうが損失は小さいので、

$$l_{12} > l_{11}, \quad l_{21} > l_{22} \tag{4.20}$$

であり、各確率もまったく 0 となることがないとすると、

$$P_1 \cdot P(x|C_1) > 0, \quad P_2 \cdot P(x|C_2) > 0 \tag{4.21}$$

であるので、(4.19)式は、以下のように表すことが可能である。

$$\frac{P(x|C_1)}{P(x|C_2)} \geq \frac{P_2}{P_1} \cdot \frac{l_{21} - l_{22}}{l_{12} - l_{11}} \tag{4.22}$$

この(4.22)式と(4.18)式が等価なので、(4.22)式が成立していれば、$J^{(1)}(x)$ を採用し、そうでなければ $J^{(2)}(x)$ を採用すべきである。以上の議論をまとめると次の命題となる。

命題2：クラス数が2の場合、

$$\frac{P(x|C_1)}{P(x|C_2)} \geq \frac{P_2}{P_1} \cdot \frac{l_{21} - l_{22}}{l_{12} - l_{11}}$$

ならばクラス C_1 と評価し、そうでなければクラス C_2 と評価する評価システムが損失最小評価システムである。

命題2によれば、損失を最小化する評価システムは、1) 各クラスの中でデータ x が出現する条件確率 $P(x|C_i)$（(4.22)式左辺）の比、2) 各クラスの出現確率 P_i の比（(4.22)式右辺第1項）、および3) 各ケースでの損害額から決まる量 $(l_{21} - l_{22})/(l_{12} - l_{11})$（(4.22)式右辺第2項）によって定まる。条件確率 $P(x|C_i)$ に依存しているということは、各クラスでどのようなデータとなるかという工学的なデータの蓄積が必要なことを示している。一方、各クラスの出現確率 P_i は安全なもの、危険なものを作る割合であり、これは社会状態や技術者の倫理観にも依存する。また、各ケースでの損害は建物の使用形態（例えば、災害弱者の多い病院などの施設では同規模の震災・火災でも損害は異なるし、電話局のように建物損傷・火災焼失は少なくても間接被害が大きくなるものもある）に依存する。以上、命題2の意味することを要約すると、条件確率

((4.22)式左辺）という工学データの蓄積と、社会状態（(4.22)式右辺）から決まる量を常に把握しておく必要があることになる。

4.4.3 誤り最小評価システム

誤り最小評価システムは、(4.12)式で表される誤り確率総和 $P_e(J(x))$ を最小化するシステムである。前述のように、(4.12)式は、(4.10)式で表される期待損失 $L(J(x))$ において、損害 l_{ij} を、

$$l_{ii} = 0, \quad l_{ij} = 1 \ (i \neq j)$$

とおいたものである。このとき、

$$\frac{l_{21} - l_{22}}{l_{12} - l_{11}} = \frac{1-0}{1-0} = 1 \tag{4.23}$$

である。上式を(4.22)式右辺に代入することで、命題2は次の命題を含意することが分かる。

命題3：クラス数が2の場合、

$$\frac{P(x|C_1)}{P(x|C_2)} \geq \frac{P_2}{P_1} \tag{4.24}$$

ならばクラス C_1 と評価し、そうでなければクラス C_2 と評価する評価システムが誤り最小評価システムである。

以上の命題1～3により、各クラスの発生確率 P_i、クラス C_i のもとでのデータ x の発生する条件確率 $P(x|C_i)$ が得られれば、損失最小評価システム、誤り最小評価システムが、原理的に構成できることが示された。逆に、現行の評価システムを命題1～3に適合する方向に改善されるべきであるということができる。

4.5 ポイント加算型評価の妥当性

4.5.1 ポイント加算型評価

前節までは、防火安全評価システムが持つべき基本要件を調べたが、本節では、現実の問題の中で議論される評価計算方式を検討したい。

現行の評価システムでは、ポイントを加算していく方法が用いられているものがある。たとえば、スプリンクラーが設置されているか、不燃仕上げとなっているかなどの各条件が満足されているかを調べ、満足する場合にはその条件に定められたポイントを与え、ポイント総計を評価指標とし、この評価指標値が規準値以上であれば「適」、そうでなければ「否」と判定する。この方式を定式化しておこう。m個の条件があるとし、i番目の条件が満足されていれば、$x_i = 1$とし、満足されていないときは、$x_i = 0$とする。条件iに与えられているポイントをw_iとすると、評価指標Eは以下のように求められる。

$$E = \sum_{i=1}^{m} w_i x_i \tag{4.25}$$

このとき、ポイントが規準値δ以上であれば、つまり、

$$E \geq \delta \tag{4.26}$$

であれば「適」と判定する。以下、「適」のクラスをC_1とする。(4.26)式が成立しないときは、「否」と判定される。以下、「否」のクラスをC_2とする。

この方式は「適否」という判定の場合だけではなく防災計画評定のランク評価のような等級評価の場合にも同様に扱え、以下のようになる。A，B，C判定では、

$E \geq \delta_A$ のときAランク

$\delta_A > E \geq \delta_B$ のときBランク

$\delta_B > E$ のときCランク

となる。
　このように簡便な方法に対し、単純すぎるのではないかという不安がある。以下では、この方法の妥当性と限界を考えておこう。

4.5.2　2クラス損失最小評価システムの対数指標

　等級評価は規準値 δ_A の場合の適否判定と規準値 δ_B の場合の適否判定をすると考えれば、適否判定の問題に帰着される。そこで、以下、適否を判定するポイント加算方式の妥当性を検討する。
　前節の命題2の結果を用いると。

$$\frac{P(x|C_1)}{P(x|C_2)} \geq \frac{P_2}{P_1} \cdot \frac{l_{21} - l_{22}}{l_{12} - l_{11}}$$

のとき、適（クラス C_1）と判定することで、最小損失評価システムになる。この判定条件が成立しているか否かを判断する場合は、上式両辺の対数の大小を比べても同じなので、両辺の対数の差をとったものである対数指標

$$Q = \ln \frac{P(x|C_1)}{P(x|C_2)} - \ln \frac{P_2}{P_1} \cdot \frac{l_{21} - l_{22}}{l_{12} - l_{11}} \tag{4.27}$$

を導入する。この対数指標 Q を用いると、命題2の主張は、

$$Q \geq 0 \tag{4.28}$$

ならば、適（クラス C_1）と判定すべきであるということと等価になる。

4.5.3　データ要素間の独立性

　さて、データ x は、i 番目の条件が満足されていれば、$x_i = 1$ とし、満足されていないときは、$x_i = 0$ と定義されていた。

ここで、各条件の間の関係を考えておく。たとえば、条件 i が満足されているとき、条件 j も必ず満足されているというような場合、ポイント加算型評価方式では、条件 i のポイントに条件 j のポイントを加えておけば、条件 j の変数 x_j を省くことができる。条件 i が満足されているとき、条件 j は必ず満足されていないというような場合も、条件 i のポイントから条件 j のポイントを減じておけば、条件 j の変数 x_j を省くことができる。このように、ポイント加算型評価方式では、条件間に強い相関性がある場合は、片方を除去することで、条件間に強い相関関係が生じない状態にできる。

このように変数 x_i 間の相関除去を直感的に行わなくとも、変量 x_i を少ない数の因子 f_k ($k = 1 \sim m'$, $m' < m$) へ写像し、この因子間の相関をまったくない状態にする主成分分析などの方法も提案されている。そこで、以下では、変量 x_i 間は相関がなく統計的に独立とみなせる場合を検討する。

統計的に独立な場合には、以下の関係式が成立する。

$$P(x \mid C_i) = P(x_1, x_2, \ldots, x_m \mid C_i) = \prod_{l=1}^{m} P(x_l \mid C_i) \tag{4.29}$$

4.5.4　2クラス損失最小評価システムの線型表現

各条件間の統計的独立性の仮定 (4.29) 式が成立しているとき、(4.27) 式右辺第 1 項は、以下のようになる

$$\ln \frac{P(x \mid C_1)}{P(x \mid C_2)} = \sum_{l=1}^{m} \ln \frac{P(x_l \mid C_1)}{P(x_l \mid C_2)} \tag{4.30}$$

さらに、変量 x_l は 0 か 1 であったので、上式右辺の各項は、やや技巧的だが以下のように表すことができる。

$$\ln \frac{P(x_l \mid C_1)}{P(x_l \mid C_2)} = x_l \ln \frac{P(x_l = 1 \mid C_1)}{P(x_l = 1 \mid C_2)} + (1 - x_l) \ln \frac{P(x_l = 0 \mid C_1)}{P(x_l = 0 \mid C_2)} \tag{4.31}$$

ここで、

$$P(x_l = 1 | C_1) = p_l, \quad P(x_l = 0 | C_1) = 1 - p_l \qquad (4.32.1)$$

$$P(x_l = 1 | C_2) = q_l, \quad P(x_l = 0 | C_2) = 1 - q_l \qquad (4.32.2)$$

と表す。

(4.31) 式、(4.32) 式を (4.30) 式に代入することで、

$$\ln \frac{P(x | C_1)}{P(x | C_2)} = \sum_{l=1}^{m} \{x_l \ln \frac{p_l}{q_l} + (1 - x_l) \ln \frac{1 - p_l}{1 - q_l}\} \qquad (4.33)$$

となる。また、次のように変形できる。

$$\ln \frac{P(x | C_1)}{P(x | C_2)} = \sum_{l=1}^{m} x_l \ln \frac{p_l(1 - q_l)}{(1 - p_l)q_l} + \sum_{l=1}^{m} \ln \frac{1 - p_l}{1 - q_l} \qquad (4.34)$$

(4.34) 式を (4.27) 式に代入することで、

$$Q = \sum_{l=1}^{m} x_l \ln \frac{p_l(1 - q_l)}{(1 - p_l)q_l} + \sum_{l=1}^{m} \ln \frac{1 - p_l}{1 - q_l} - \ln \frac{P_2}{P_1} \cdot \frac{l_{21} - l_{22}}{l_{12} - l_{11}} \qquad (4.35)$$

を得る。見やすくするため、

$$\overline{w}_l = \ln \frac{p_l(1 - q_l)}{(1 - p_l)q_l} \qquad (4.36.1)$$

$$\overline{\delta} = -\sum_{l=1}^{m} \ln \frac{1 - p_l}{1 - q_l} + \ln \frac{P_2}{P_1} \cdot \frac{l_{21} - l_{22}}{l_{12} - l_{11}} \qquad (4.36.2)$$

とおくと、(4.35) 式は、以下のように単純に表される。

$$Q = \sum_{l=1}^{m} \overline{w}_l x_l - \overline{\delta} \qquad (4.37)$$

(4.28) 式で表されたように命題 2 から Q の値が正または 0 のとき、適（クラス C_1) と判定すれば最小損失評価システムになっている。

(4.25)(4.26) 式で表されたポイント加算型評価システムと比較すると、ポイント加算型評価システムで、

$$w_l = \overline{w}_l \text{ for all } l \tag{4.38.1}$$

$$\delta = \overline{\delta} \tag{4.38.2}$$

であれば、そのポイント加算型評価システムは最小損失評価システムになることが分かる。

以上の議論をまとめると、次の命題になる。

命題 4：各条件間が統計的に独立とみなせる場合は、ポイント加算型評価システムは、適切なポイント w_i と規準値 δ を用いれば最小損失評価システムになる。

一見単純すぎるように見えるポイント加算型評価システムでも評価項目とその評価ポイントを適切に設定すれば、最小損失評価になりうることが判明した。つまり、ポイント加算型評価システムの改善問題は、ポイント加算型であることに問題があるのではなく、適正なポイントを求めることにある。

上記のポイントを求める方法として、青木ら [29] は専門家の判断を活用する可能性を示している。

4.6　安全評価システムの可能性

望ましい建築安全評価システムの構築にあたっては、評価システムの善し悪しを議論する枠組みを、物理現象以外の要因も含めて確率論的に検討することを試みた。

簡単な考察から、評価システムが存在することにより被害が減少するという

評価システムの意義・役割が明確になった。

　また、損失最小評価システムが持つべき要件（命題1および2）を求め、この要件を確保するため、工学的データの蓄積とともに社会的に決まる量の把握も重要となることが判明した。同様に、誤り最小評価システムが持つべき要件（命題3）が明らかとなった。

　これらの議論の応用として、実際の評価システムで用いられているポイント加算型評価システムについて検討し、各評価項目が統計的に独立の場合には、ポイント加算型評価システムでも損失最小評価システムになりうること（命題4）を示した。

　以上、確率論的に安全評価システムを検討した結果として、安全評価の各制度が基本的に有する要件が明らかとなり、改善の方向性を見出すことができた。また、簡単すぎて充分な評価ができないと思われがちなポイント加算型評価システムでも、適切なポイントを選択すれば損失最小化する評価システムになることが明らかとなった。

第5章

規制誘導政策での安全水準設定論

5.1 規制誘導型防災計画の課題

5.1.1 規制誘導型防災計画

都市や建築の安全性を確保するための方策としては、事業計画と規制誘導とに大きく分けることができる。前者は都市の一画を具体的に建て替えて現状より安全な地区に造り変えるという方法である。この際、建て替えられた建物の安全水準は、計画段階で把握できる。一方、後者の場合、例えば、個人や法人が都市内に新たな建物を建設したり建て替えたりする際に、ある一定水準以上の安全性の確保を義務づけるという方法である。実際に、建築基準法に基づく確認申請では、一定水準以上の安全性が確保されているかが審査され、水準以下のものは是正される。建築基準法の他、地域の実情にあわせて条例等で規定された安全水準もある。いずれにしても、後者の場合には、新たな規制水準を設定したとしても、その規定が適用されるのは、遡及適用項目以外については、新規に建設されたり建て替えられたりした建物だけであり、古い既存建物の安全性の水準は新規定以前の安全水準のままに取り残される。

以上のように、規制誘導型防災計画では、新たな安全水準の設定がなされたとしても、対象建築のすべてが直ぐに新たな安全水準を満たすようになるわけではなく、都市全体としては徐々に安全になっていくものである。

本章では、規制誘導型防災計画での安全水準設定問題を検討する。

5.1.2 問題状況の例

上記の問題を明確にするため、具体例をあげておこう。

例1：A市では、防火上危険な木造密集市街地があり、その敷地面積は、1万 m^2 である。将来、都市計画的な規制をして、不燃化を進めていく必要に迫られている。つまり、建物の建替え時に、新設建物は、現在の木造建物より燃えにくい建物でなければ建設を許可しないように規制することを考えている。この「燃えにくい建物」としては、法律では「耐火造」「準耐火造」「防火造」

といった分類があるが、この他、建物の開口部の形態や隣棟間隔などによって防火性能は異なる。このようなきめの細かい規制をすることで、より安全で効率的な市街地が形成されるようにしたい。そこで、ある防火性能水準を設定して、新設、建替え建物に対し、この水準以上であれば建設、建替えを許可し、それ以下では許可しないという規制をすることとした。問題は、こうした状況で、この安全水準をどのように決めたらよいかということである。

5.1.3　評価空間と設定水準

　抽象化、一般化による分かりにくさを避けるため、前項であげた例をもとに議論していこう。

　評価規準としては、その地域で発生する災害から生じる人命損失がまず考えられ、この減少こそが防災計画のもっとも重要な目標である。この他、この地域で生じる経済的利益と損失がある。これは、この地域の活動で得られる収益、もしも災害が発生すれば災害により失う経済的損失、また、もしも防災対策を強化すれば、それにかかる費用などがある。

　収益や経済的損失は、金銭で評価しうると考えれば、これらをまとめて1つの尺度とみることができる。つまり、収益はプラス、損失はマイナスとして合計した経済的利益 U（金額）が1つの評価規準となる。

　一方、人命損失については、第2章で議論したように、金銭で評価しえないものと考えるのが妥当であろう。この人命損失については、被害が確定論的に予測できないので、第3章で議論したように、人命損失の発生確率というような尺度で測る。つまり、人命損失（発生確率）がもう1つの評価規準となる。

　こうして、われわれが考える問題は、第2章でのべた2次元の評価空間で判断するマルチ・クライテリア問題となる。

　以下の議論では、考えやすくするため、人命損失の尺度の大小を反転して L とし、人命安全性 L とする。また、経済的利益 U は以下では単に経済性とよぶことにする。また、現時点での人命安全性と経済性がそれぞれ L_0, U_0 であ

るとする。

次に、安全の水準を x と設定した場合の結果がどうなるかを考えよう。この水準のもとで、対象地域の建物がすべて建て替わった場合の人命安全性と経済性をそれぞれ $L(x)$, $U(x)$ としよう。安全水準 x が高く設定されると、人命安全性の評価値 $L(x)$ は大きくなり、安全対策費用の増加の結果経済性の評価値 $U(x)$ はおそらく減少することが考えられる。逆に、安全水準 x が低く設定されると、人命安全性の評価値 $L(x)$ は小さくなり、経済性の評価値 $U(x)$ は増加することが考えられる。

以上の議論をもとにすると、2次元の評価空間は、横軸に人命安全性 L の値を目盛り、縦軸に経済性 U の値を目盛ったものになり、現状の評価値を原点になるように表示することで、図5.1のような空間になる。

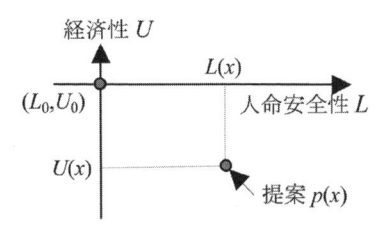

図5.1　2次元評価空間と提案 $p(x)$

この評価空間では、安全の水準を x と設定するという提案は、すべての建物が新水準に建て替わったときの評価値のペア $(L(x), U(x))$ の点「提案 $p(x)$」として描かれる。

一般に、防災計画の立案は、現状よりも安全にしたいという動機でなされるので、現状の人命安全性 L_0 よりも提案された水準 x での人命安全性 $L(x)$ の方が大きい。また、提案された水準 x では安全対策強化のためにかかる費用がかさむので、提案された水準 x での経済性 $U(x)$ は、現状の経済性 U_0 よりも小さい。このことから、現状を原点とした評価空間では、提案された水準 x での評価値を表す点 $p(x)$ は、第4象限に位置するのが通常である。

5.1.4 技術的・制度的制約

安全水準 x は、どんなものでも設定できるとは限らない。技術的に不可能なことを安全水準としても意味がない。また、過剰な安全水準の設定は経済活動を妨げるなどの考え方もあり、この意味で、社会の制度的、経済的側面からも、安全水準の範囲に限定を受けている。この提案可能な水準の範囲を X とすると、評価空間での提案 $p(x)$ も、ある範囲におさまっている。すなわち、

$$p(x) \in P \tag{5.1.1}$$

$$P = \{p(x) \mid x \in X\} \tag{5.1.2}$$

となっている。上式の集合 P を提案可能集合と呼ぶことにする。評価空間でこの状況を描くと、図 5.2 のようになる。

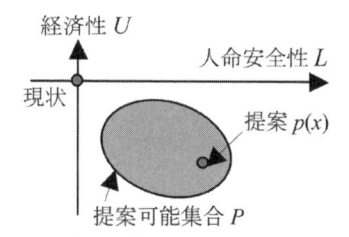

図 5.2 2 次元評価空間での提案可能集合 P

一般に、設定された安全水準と、その設定ですべての建物が建て替えられたときの評価値のペア $(L(x), U(x))$ である提案 $p(x)$ とは 1 対 1 対応と考えてよいので、提案可能集合に含まれる提案 $p(x)$ でより望ましいものが決定できれば、望ましい安全水準 x が求められる。したがって、われわれの問題は、(5.1) を満足するなかで、もっとも望ましい提案 $p(x)$ を求める問題になる。

5.1.5 評価状態の変動性

安全水準 x を設定した後、徐々に新規準 x を満たす建物が建設されていく。すぐに、全建物が新規準を満たすわけではないので、対象地域の人命安全性と経済性は、突然 $L(x)$, $U(x)$ になるわけではない。最初は、現状の人命安全性

と経済性 L_0, U_0 とそれほど変わらない状態である。そして、地域の建物のほとんどが建て替わり、新規準 x を満たす建物ばかりになってくると、人命安全性と経済性は、$L(x)$, $U(x)$ に近づいていく。

この変化を、簡単に定式化しておこう。新規準 x を満たす建物の割合を $t \times 100\%$ とおくとき、地域の人命安全性と経済性は、以下のようになると仮定しよう。

$$L(x,t) = t \cdot L(x) + (1-t) \cdot L_0 \tag{5.2.1}$$

$$U(x,t) = t \cdot U(x) + (1-t) \cdot U_0 \tag{5.2.2}$$

これらを、まとめて次のようにベクトル表示してもよい。

$$a(x,t) = t \cdot p(x) + (1-t) \cdot n \tag{5.3.1}$$

ただし、

$$a(x,t) = (L(x,t), U(x,t)), \quad p(x) = (L(x), U(x)), \quad n = (L_0, U_0) \tag{5.3.2}$$

評価空間で、現状の評価値 $n = (L_0, U_0)$ を表す原点から、すべてが建て替わった状態の評価値 $p(x) = (L(x), U(x))$ を表す点を結ぶ線(図 5.3 の太い矢印で示されている)を考えると、上記の仮定は、建替率 t での地域の評価値 $a(x,t) = (L(x,t), U(x,t))$ は、この線上にあることを意味する。

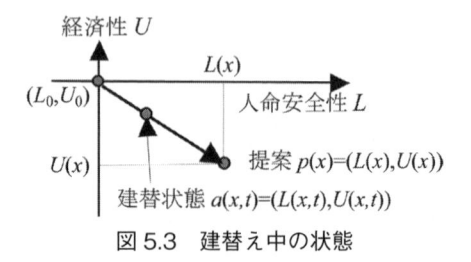

図 5.3　建替え中の状態

上述のように、評価対象である地域の人命安全性と経済性は刻々と変化している。では、どの時点の評価値で判断すべきなのだろう。

この問いに対して、直ぐに思いつくのは次の2つの考え方である。

①すべての建物が建て替えられた時点で判断するものとし、安全水準xの場合の評価値を$a(x,1) = p(x) = (L(x), U(x))$とする。

②もっともあり得ると予想される建替率t^*を求め、安全水準xの場合の評価値を$a(x,t^*) = (L(x,t^*), U(x,t^*))$とする。

もしも、①の考え方に立つとすれば、以降の議論は容易になる。評価対象は$p(x)$であり、前項で議論した技術的・制度的制約から、(5.1.1)で示されるように、すべての評価対象$p(x)$は、提案可能集合Pに含まれる。そうすると、第2章で議論したように、望ましいものは、集合Pのパレート最適集合に属していることになる。この状況は図5.4に示す。

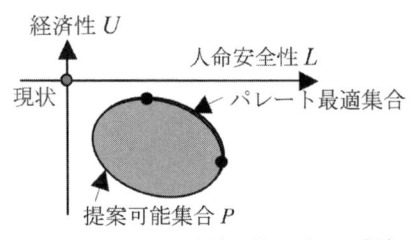

図5.4 すべての建替え終了時での評価

図5.4に示されているように、提案可能集合Pの右上部の境界（図の2つの黒点を結ぶ境界部分）がパレート最適集合になる。したがって、望ましい安全水準xは、このパレート最適集合に$p(x^*)$が含まれるような安全水準x^*であるということになる。一般にパレート最適集合が唯一の要素だけを含む集合となるのはまれであるので、このような最適な安全水準x^*は1つに特定することができない。

もしも、②の考え方に立って、もっとも可能性の高い建替率t^*を求めることができた場合には、上記の議論と類似した議論で、もっとも望ましい安全水準の範囲が限定できる。まず、提案$p(x)$は(5.1.1)を満たすように限定されていた。この結果、建替率t^*での評価値$a(x,t^*) = (L(x,t^*), U(x,t^*))$の集合も、

$$P(t^*) = \{a(x,t^*) \mid p(x) \in P\} \tag{5.4}$$

と確定できる。建替率 t^* での評価値はすべてこの集合 $P(t^*)$ に含まれているので、第2章で議論したように、望ましいものは、図5.5に示されている集合 $P(t^*)$ のパレート最適集合（集合 $P(t^*)$ の境界の右上部の2つの黒点を結ぶ境界部分）に属していることになる。したがって、望ましい安全水準 x^* は、このパレート最適集合に $a(x^*, t^*)$ が含まれるような安全水準 x^* であるということになる。①の場合と同様に、一般的に、このような最適な安全水準 x^* は1つに特定することができない。

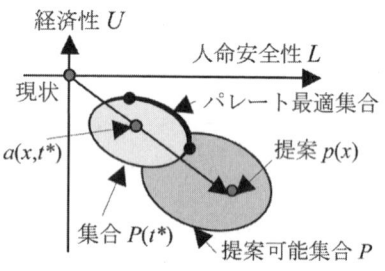

図5.5 建替率 t^* での最適化

上述の2つの考え方に対して、反論があり得る。①に対して、すべての建物が建て替わることが果たして実現するのであろうか、あったとしても遠い未来のことで、その間、対象地域に生きて生活しているものにとって、すべての建物が建て替わった状態で評価・判断していくことは、意味が無いのではないかという意見があり得る。②の考え方にも反論があり得る。まず、もっともあり得る建替率というものがあるのだろうか、あったとしても可能性のもっとも高い建替率 t^* を推定できるのだろうか。さらに、推定できたとしても、建替率 t^* が達成できるまでの期間、あるいは達成された後の期間について、その期間をその地域で生活する住民にとって、意味あることなのだろうかという疑問が残る。

こうした基本的な疑問・反論に応えるためには、率直に、以下の事実を認め

る必要がある。

第2章で議論してきたそれぞれの評価対象は、評価空間では1つの点で表されてきた。しかし、われわれが議論したい、安全水準をxに設定したときの地域の状態は、建替率の変化にともなって変化していく状態の集合であり、評価空間では、図5.3に示したように、現状を表す原点(L_0, U_0)から、すべてが建て替わった状態$p(x) = (L(x), U(x))$へ向かう矢印で表される点$a(x,t) = (L(x,t), U(x,t))$の集合

$$A(x) = \{a(x,t) | 0 < t \leq 1\} \tag{5.5}$$

である。この集合$A(x)$を、「(安全水準をxと設定したときの)実現可能集合」と呼ぶことにする。したがって、安全水準をxに設定したときとyに設定したときの評価・判断は評価空間で実現可能集合$A(x)$と実現可能集合$A(y)$の比較判断の問題に帰着されなければならない。

このような比較判断の問題を解決するため、次節で、評価空間での集合間の比較判断の基礎的な議論を検討することにしたい。

5.2　2つ集合の比較評価の方法

5.2.1　評価空間における支配概念の拡張

第2章では、マルチ・クライテリア問題の解決に必要な「支配」概念を述べた。そこでは、1つの評価対象は、多次元評価空間の1つの点で表されていた。そして、2つの評価対象aとbが、それぞれ評価空間の点$(a_1, a_2, \ldots a_n)$と点$(b_1, b_2, \ldots b_n)$で表されるとき、

　　すべてのiについて$a_i \geq b_i$　かつ　あるjについて$a_j > b_j$　　(2.20)

という関係が成立していることを、「評価対象aはbを支配している」と言いaDbと表記した。(図2.3参照)そして支配されていないものをパレート最適集合と言い、望ましい評価対象はこのパレート最適集合に含まれることを述べた。

しかし、前節で分かったように、安全水準xを1つ定めたとき、その結果生じること、つまり実現可能集合$A(x)$は、評価空間で1点ではなく広がりをもった領域となる。つまり、われわれの問題では、1つの評価対象は、多次元評価空間の1つの領域となっている。したがって、それぞれ評価空間内の領域であらわされる評価対象に「支配」のような順序関係概念が必要になっている。そこで、われわれの当面の課題は、支配概念を拡張し、多次元評価空間で領域として表されている評価対象A, Bに新たな順序関係概念を構築することになる。

まず、これから頻繁に表れる関係を効率よく表記するため、表記法を工夫しておこう。上記の支配概念の条件(2.20)を、次のように表記する。

$$\forall i[a_i \geq b_i] \text{ and } \exists j[a_j > b_j] \tag{5.6}$$

ここで、表記$\forall i[-]$は「すべてのiについて$-$が成り立つ」、表記$\exists j[-]$は「あるjについて$-$が成り立つ」を意味しており、(5.6)は(2.20)とまったく同じことを表している。

さて、多次元評価空間での2つの集合(領域)に対する支配概念の拡張としてすぐに考えられるのは、次式で定義される関係R^*である。

$$AR^*B \Leftrightarrow \forall u \in A, \forall v \in B[uDv] \tag{5.7}$$

念のため、上式の意味を述べると「集合Aに含まれるすべてのuについて、集合Bに含まれるすべてのvについて、uはvを支配しているとき、そのときに限り、集合AとBとに、AR^*Bという関係が成立している」ということになる。2次元の評価空間の場合にこの関係を図示したものが、図5.6である。

しかし、実際の問題では、関係AR^*Bの様なはっきりした関係が成立することはまれである。われわれの問題のためには、もう少しゆるい関係概念が必要である。そうした関係概念の中で、次式で定義される関係Rは有用である。

$$ARB \Leftrightarrow \forall v \in B[\exists u \in A[uDv]] \text{ and } \forall u \in A[\exists v \in B[uDv]] \tag{5.8}$$

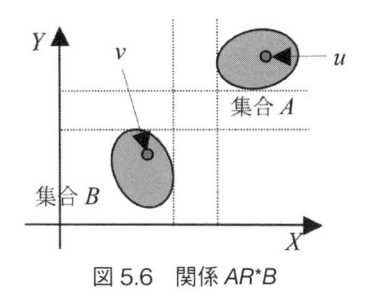

第5章　規制誘導政策での安全水準設定論　91

図 5.6　関係 AR*B

つまり、「集合 B に含まれるすべての v に対して v を支配する集合 A に含まれる u が存在し、かつ、集合 A に含まれるすべての u に対して u が支配する集合 B に含まれる v が存在するとき、そのときに限り、関係 ARB が成立する」ということである。この関係が成立している状況を、2次元評価空間の場合について示したものが図 5.7 である。

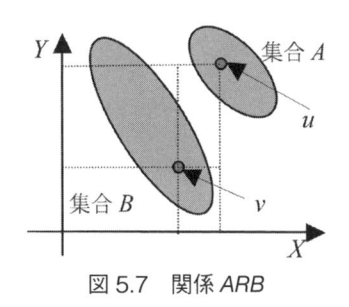

図 5.7　関係 ARB

この集合間の関係概念が、われわれの問題を考える場合に適切であるかどうか考えておこう。つまり集合 A として、安全水準を x としたときの実現可能集合 $A(x)$、集合 B として、安全水準を y としたときの実現可能集合 $A(y)$ とおいた場合の (5.8) 式の意味することを考えてみる。(5.8) 式右辺の前半の条件は、

$$\forall v \in A(y)[\exists u \in A(x)[uDv]] \tag{5.9}$$

となるが、これは「安全水準 y を設定して実現できる状態 v がどんなものであっても、安全水準 x を設定しておけば、状態 v を支配するような、すなわち、状態 v よりも望ましい状態 u が存在している」ことを意味する。このことは、もしも、安全水準を x ではなく y と設定した場合には、安全水準 y を設定して実現されるどんな状態 v であっても、安全水準を x としておけば、v より良かった状態 u がありえたという「後悔」が残ることを意味している。

(5.8)式右辺の後半の条件は、

$$\forall u \in A(x)[\exists v \in A(y)[uDv]] \tag{5.10}$$

となるが、これは「安全水準 x を設定して実現できる状態 u がどんなものであっても、安全水準 y を設定しておくと、状態 u に支配されるような、すなわち、状態 u よりも望ましくない状態 v が存在している」ことを意味する。このことは、もしも、安全水準を x ではなく y と設定した場合には、安全水準 x を設定して実現される状態 u のときよりも、悪い状態 v が実現してしまう可能性があることを意味している。

上記の意味を考えると、(5.8)式で定義される関係概念は、一応われわれの期待にそっているように思える。

5.2.2 拡張された最適性の概念

第2章では、評価空間で点として示される評価対象に関して、支配の概念を基に、支配されていない集合としてパレート最適集合の概念を構築した。ここでは、評価空間で領域として示される評価対象に関して、前項で定義した集合間の関係 R を基礎にして、パレート最適集合に類似した概念を構築しておこう。

そのため、前節での議論を復習しておこう。まず、安全水準 x を決めると、その結果、地域の建物のすべてが新規準に従って建て替えられたときの状態 $p(x)$ が決まる。これを提案状態と呼んだ。技術的・社会的な制約があるので、状態 $p(x)$ の可能な範囲が、提案可能集合 P として定まっている。しかし、建

替率が変化するので、評価対象は、評価空間の点で表される状態 $p(x)$ ではなく、現状を表す原点 n と $p(x)$ を結ぶ線で表される領域である実現可能集合 $A(x)$ となる。

定義 [R 最適性] 安全水準 x を定めると提案状態 $p(x)$ が決まり、その状態 $p(x)$ の可能範囲が提案可能集合 P として与えられ、状態 $p(x)$ と現状状態から実現可能集合 $A(x)$ が決まるとき、x^* が R 最適であるとは、

$$A(x) R A(x^*) \tag{5.11}$$

$$p(x) \in P, \, p(x^*) \in P \tag{5.12}$$

となる x が存在しないことである。

R 最適性は、関係 R の意味で、x^* よりも望ましいものが存在しないということである。

5.3 安全水準設定の最適化

5.3.1 パレート・レイ・オプティマム

R 最適性の概念をわれわれの問題に効率的に適用するために、若干特殊な概念を準備しておこう。

事例説明で述べたように、実現可能集合 $A(x)$ は、評価空間では、現状を表す原点(ベクトル n で表されていた)から提案状態 $p(x)$ へ向かう線分であった。以下の評価の議論では同じ結果となるので、より一般性をもった議論となるように、評価対象である実現可能集合を、(5.5)式よりも拡張された次式で表されている場合で議論する。

$$A(x) = \{a(x,t) \mid 0 < t\} \tag{5.13}$$

この場合、実現可能集合 $A(x)$ は、評価空間では、現状を表す原点(ベクト

ル n で表されていた）から提案状態 p(x) へ向かう半直線になっている。

図 5.2 で示されるように提案可能集合 P は、現状を表す点を原点とした 2 次元評価空間では、第 4 象限に位置し、原点から提案状態 p(x) へ向かう半直線は図 5.3 に示すように、第 4 象限の右下がりの半直線になっている。したがって、この半直線上の 2 点 a(x,t) と a(x,t') について、もし a(x,t) の人命安全性の評価値が a(x,t') のそれよりも大きければ、経済性については逆に a(x,t) の評価値は a(x,t') のそれよりも小さくなっている。すなわち、2 点 a(x,t) と a(x,t') について支配関係は成立しない。このことは半直線上の任意の異なる 2 点に成立している。以下では、実現可能集合 A(x) に含まれる任意の 2 点に支配関係が成立していない場合、つまり実現可能集合 A(x) がパレート最適集合になっていることに注目して議論を展開することにしよう。そのため、次の概念を定義しておく。

> **定義［パレート無差別半直線］** 実現可能集合 A(x) が原点を通る半直線となっており、集合 A(x) 内のすべての点が集合 A(x) のパレート最適となっているとき、この集合 A(x) をパレート無差別半直線と呼ぶ。

以上のもとで、次のパレート・レイ・オプティマムという概念が定義できる。

> **定義［パレート・レイ・オプティマム］** すべての x について、実現可能集合 A(x) が原点 n を通るパレート無差別半直線となる場合で、x^* が R 最適のとき、これをパレート・レイ・オプティマムと呼ぶ。

パレート・レイ・オプティマムの概念の意味を明確にし、この概念を活用するため、まず、パレート無差別半直線についての性質を調べておこう。

提案状態 p(x) が提案状態 p(x') を支配している場合に、パレート無差別半直線 A(x) とパレート無差別半直線 A(x') がどのような関係になるかを調べて

みる。まず、パレート無差別半直線 $A(x)$ 内の任意の点 $a(x,t)$ を選ぶ。評価空間が任意の次元の場合を考えて、改めて、以下のように表記できることを確認しておこう。

$$a(x,t) = t \cdot p(x) + (1-t) \cdot n, \quad t > 0 \tag{5.14.1}$$

要素ごとに表記すれば、任意の次元 i について以下のようになる。

$$a_i(x,t) = t \cdot p_i(x) + (1-t) \cdot n_i, \quad t > 0 \tag{5.14.2}$$

一方、提案状態 $p(x)$ が提案状態 $p(x')$ を支配していたので、

$$p_i(x) = p_i(x') + \varepsilon_i, \quad \varepsilon_i \geq 0 \tag{5.15}$$

が成立している。ただし、$\varepsilon_i = 0$ がすべての i に成り立つことはない（もしも成り立つならば、提案状態 $p(x)$ と $p(x')$ が一致し支配関係が成立しなくなってしまう）。この事実から、

$$\begin{aligned} a_i(x,t) &= t \cdot (p_i(x') + \varepsilon_i) + (1-t) \cdot n_i \\ &= t \cdot p_i(x') + (1-t) \cdot n_i + t \cdot \varepsilon_i \\ &= a_i(x',t) + t \cdot \varepsilon_i, \quad t \cdot \varepsilon_i \geq 0 \end{aligned}$$

つまり、

$$a_i(x,t) \geq a_i(x',t) \tag{5.16}$$

となるので、パレート無差別半直線 $A(x)$ に含まれる任意の $a(x,t)$ に対し、これに支配されるパレート無差別半直線 $A(x')$ に含まれる $a(x',t)$ が存在する。

逆に、パレート無差別半直線 $A(x')$ に含まれる任意の $a(x',t)$ に対し、これを支配するパレート無差別半直線 $A(x)$ に含まれる $a(x,t)$ が存在する。以上の結果から、次の命題が証明できたことになる。

命題 5.1：提案状態 $p(x)$ が提案状態 $p(x')$ を支配しているとき、
$A(x) R A(x')$ が成立する。

次に、パレート・レイ・オプティマムとなる安全水準 x^* を見出す方法を構築するため、いくつかの準備的検討をしておこう。

まず、現状 n と提案可能集合 P が決まったときに、評価空間において、現状 n を頂点とし集合 P を包む円錐 $C(n,P)$ を考える。つまり、

$$C(n,P) = \{a \mid a = tp(x) + (1-t)n, t \geq 0, p(x) \in P\} \tag{5.17}$$

とする。これは、現状を表す点 n から提案可能集合 P 内の点 $p(x)$ へ向けて伸びる半直線の集まりである。図5.8 に示されるように、われわれが検討している人命安全性と経済性の 2 次元評価空間では、円錐 $C(n,P)$ は、現状 n を頂点とし集合 P を包む三角状の領域になる。

このように定義された円錐は、次のように書き直せることが分かる。

$$C(n,P) = \{a(x,t) \mid a(x,t) \in A(x), p(x) \in P\} \cup \{n\} \tag{5.18}$$

この式は、次の命題が成立することを示している。

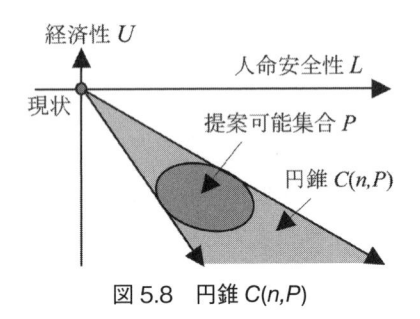

図 5.8　円錐 $C(n,P)$

命題 5.2：円錐 $C(n,P)$ の任意の点 y に関して、以下の条件を満足する提案状態 $p(x)$ が提案可能集合 P に属する x が存在する。

$$A(x) = \{a \mid a = t \cdot y + (1-t) \cdot n\} \tag{5.19}$$

これまでの議論において、パレート・レイ・オプティマムな安全水準 $x*$ の提案状態 $p(x*)$ が提案可能集合 P のどこに位置しているかを確定していなかったが、上記の命題 5.1 および 5.2 から、次の命題を導くことができる。

命題 5.3：$x*$ をパレート・レイ・オプティマムな安全水準とするとき、その提案状態 $p(x*)$ に関して、以下の関係が成立している。

$$p(x*) \in P* \tag{5.20}$$

$$p(x*) \in \partial C(n, P) \tag{5.21}$$

ただし、$P*$ は提案可能集合 P のパレート最適集合を、$\partial C(n, P)$ は円錐 $C(n, P)$ の境界集合を表す。(評価空間が 2 次元の場合、円錐境界集合は図 5.8 の 2 つの太い矢で示されている)。

すなわち、安全水準 $x*$ がパレート・レイ・オプティマムであれば、そのときの提案状態 $p(x*)$ は、1) 提案可能集合 P のパレート最適集合 $P*$ と 2) 円錐 $C(n, P)$ の境界集合に含まれる。

[証明]

最初に、(5.20) 式が成立することを示す。パレート・レイ・オプティマムな点 $x*$ の提案状態 $p(x*)$ が提案可能集合 P のパレート最適集合 $P*$ に属さないと仮定してみる。すると、パレート最適の定義から、提案可能集合 P に含まれる提案状態 $p(x)$ で、提案状態 $p(x*)$ を支配するものが存在する。この事実から、命題 5.1 により、$A(x)RA(x*)$ が成立することになる。これは、点 $x*$ がパレート・レイ・オプティマムでないことを意味する。これは命題の前提に矛盾する。つまり、証明の最初の仮定で、提案状態 $p(x*)$ が提案可能集合 P のパレート最適集合 $P*$ に属さないと仮定したことから生じた矛盾であり、仮定が成立していないことを意味する。つまり、提案状

態 $p(x*)$ は提案可能集合 P のパレート最適集合 $P*$ に含まれる。

次に、(5.21)式が成立することを示す。パレート・レイ・オプティマムな点 $x*$ の提案状態 $p(x*)$ が円錐境界 $\partial C(n,P)$ に属さないと仮定してみる。一方、提案状態 $p(x*)$ は提案可能集合 P に属し、提案可能集合 P は円錐 $C(n,P)$ の部分集合であったので、提案状態 $p(x*)$ は円錐 $C(n,P)$ に属している。この事実と最初の仮定から、提案状態 $p(x*)$ は境界集合 $\partial C(n,P)$ 以外の円錐 $C(n,P)$ に属している。つまり、提案状態 $p(x*)$ は円錐 $C(n,P)$ の内点になっていることになる。そこで内点 $p(x*)$ の開近傍、すなわち、点 $p(x*)$ から距離が ε 未満の点の集合

$$E(x*) = \{u \mid \|p(x*), u\| < \varepsilon, \varepsilon > 0\}$$

ただし、$\|a,b\|$ は評価空間での 2 点 a, b の距離を表す。
を定義すると、適当な微小量 ε を選ぶことで

$$E(x*) \subseteq C(n,P) - \partial C(n,P)$$

とすることができる。このとき、開近傍 $E(x*)$ 内の点 $p(y)$ を以下のように定める。

$$p_i(y) = p_i(x*) + \varepsilon/2$$

$$p_j(y) = p_j(x*), \quad for\ j \neq$$

この定義により、点 $p(y)$ は点 $p(x*)$ を支配していることになるが、命題 5.1 によれば、

$$A(y) R A(x*) \tag{*}$$

となる。また、点 $p(y)$ は開近傍 $E(x*)$ に含まれ、開近傍 $E(x*)$ は境界以外の円錐部分の部分集合になっているので、つまり、

$$p(y) \in E(x*),\ E(x*) \subseteq C(n,P) - \partial C(n,P)$$

なので、

$$p(y) \in C(n, P)$$

となっている。この事実と、命題 5.2 によって、提案状態 $p(x)$ が提案可能集合 P に含まれる安全水準 x が存在して、

$$A(x) = \{a \mid a = tp(y) + (1-t)n\} = A(y)$$

となる。この事実と、式 (*) より、$A(x) R A(x*)$ となる安全水準 x が存在していることになる。これは、安全水準 $x*$ がパレート・レイ・オプティマムでないことを意味する。この命題の前提である安全水準 $x*$ がパレート・レイ・オプティマムであるということと矛盾する。この矛盾は、点 $x*$ の提案状態 $p(x*)$ が円錐境界 $\partial C(n, P)$ に属さないと仮定したことから生じたので、点 $x*$ の提案状態 $p(x*)$ は円錐境界 $\partial C(n, P)$ に属していなければならない。

この命題 5.3 によって、望ましい安全水準 $x*$ を見つけるには、その提案状態 $p(x*)$ が、提案可能集合 P のパレート最適集合 $P*$ と、円錐境界 $\partial C(n, P)$ に、同時に属するものを見つければよいことに帰着することが分かった。次項では、このことを利用して安全水準の最適化を検討しよう。

5.3.2 安全水準設定の最適化

本章の冒頭で提示した問題は、前項の命題 5.3 を利用すると、容易に解決できる。われわれの問題では、評価空間は、人命安全性と経済性からなる 2 次元空間であり、図 5.9 のように、提案可能集合 P が評価空間の第 4 象限の領域になっている。

望ましい安全水準 $x*$ は、パレート・レイ・オプティマムとなるためには、提案状態 $p(x*)$ は、提案可能集合 P のパレート最適集合 $P*$ と円錐境界 $\partial C(n, P)$ に含まれていなければならない。パレート最適集合 $P*$ は、提案可

能集合 P の右上部の境界（図で 2 つの黒丸を結ぶ黒線の部分）となっている。また円錐境界 $\partial C(n, P)$ は、評価空間が 2 次元なので、原点から伸び、提案可能集合 P に接する 2 つの矢印で表される。

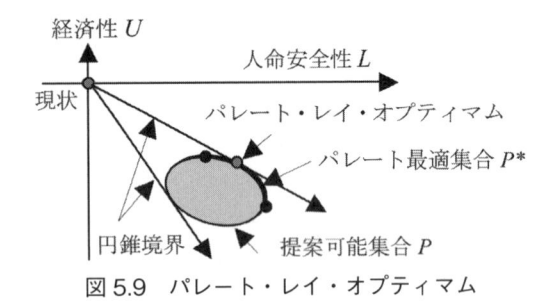

図 5.9　パレート・レイ・オプティマム

2 つの矢印で表される円錐境界のうち、提案可能集合 P に下側から接するものは、パレート最適集合 P^* となりうる点を含まない。一方、提案可能集合 P に上側から接するものは、パレート最適集合 P^* に含まれる点で接している。したがって、命題 5.3 の条件を満たすのは、提案可能集合 P に上側から接するときの接点を提案状態 $p(x^*)$ とする安全水準でなければならないということになる。

第6章

現行規定の確率論的検証

6.1 現行安全規定

6.1.1 確率的災害現象と確定論的安全規定

　地震による建物の破壊という現象では、建物にかかる外力の値を事前に予想することは難しい。また、建物に用いられる材料の耐力の値も設計通りのものというよりは、材料生産段階での品質のばらつきにより確定値というわけではない。外力が耐力を上回ったときに破壊すると考えれば、第3章で述べたように、確率的に変動する外力が、確率的に変動する耐力を上回る確率現象ということになる。要は、地震による建物の破壊という災害現象を確定論的に議論することは難しいということである。火災現象でも同様で、避難失敗による人的損失は、避難者の歩行能力や出火時の居場所、火災に気づいて避難を開始した時間など、避難行動に係わる多くの要因や建物内で伝播する煙流動などの要因の結果決まってくるが、それらから、避難失敗があり得ないとか、避難失敗するとか確定論的な結論を出すことは困難である。本章の以下の議論でも示されるように、避難行動や煙伝播は確率的現象とみる方が現実的である。

　一方、安全水準を規定する法規や各種の規定の中の記述は、明瞭で曖昧性のないものでなければならない。提案された設計図書から、規定を満足しているか否かが客観的に判断できるものでなければならない。「この建築物は1％の確率で合法である」などという表現はありえない。適法か否か、規定を満足するかしないかは、原則、確定論的に判断可能なものでなければならない。

　災害に対する安全性に関しては、上記のように、現象の確率論的性質と、安全規定の確定論的性質という判断形式の違いが思わぬ混乱を引き起こすこともしばしばある。第一の混乱タイプは、規定が確定論的である以上、起こり得る現象（想定内現象）と起こり得ない現象（想定外現象）を区別し、起こりえると想定した範囲で確定論的に、災害現象を把握すればよいとするものである。第二の混乱タイプは、災害現象が確率論的現象である以上、安全規定も確率論的な方がよいとするものである。この2つの考え方の専門家は意外と多い。

結論を先取りして述べれば、現象が確率論的であったとしても規定の記述が確率論的にならなければならないという論拠はない。また、同様に、規定が確定論的であるからといって現象の把握において確率論的理解を排除する理由はどこにもない。本章の以下で議論されるように、確率論的に現象を解析した結果を用いて、確定論的記述による規定の妥当性を判断できるのである。問題は、確率論的検討による知見が安全の規定に有効に生かされていないことなのである。

以下では、火災時の避難安全性に対象をしぼり、避難に関わる現象を確率論的に定式化し、その結果得られる知見と、現行の避難安全検証法を比較し、現行の避難安全検証法の妥当性と課題を検討する。

6.1.2 避難安全検証法

建築火災の避難安全性に関しては、建築基準法の性能規定化に伴って、具体的な避難安全性を検証する方法[26]が確立した。本章でも、煙降下により避難経路が使用不可能になる以前に避難者が避難完了となることを安全の判断基準とするという避難安全検証法の基本的考え方を踏襲しつつ、ばらつきの大きな変量を確率変数とみなし、確率論的に評価しなおすことを試みる。

リスク評価等の確率論的手法の適用で注意すべきは、確率変量の確率分布に関する問題である。仮定する分布形の違いによってリスクの値が大きく変化するからである。

本研究では、最初に確率分布形の問題について検討し、この検討結果を用いて、確率論的視点から避難安全検証法のあり方を考えてみたい。

6.2 確率分布問題

6.2.1 確率分布と安全評価

安全評価でしばしば用いられるのは、ある変量Xが安全基準θに満たない危険確率 Prob[$X<\theta$] である。これは、図6.1の斜線部分の面積として示される。この危険確率は、人命の安全に係る場合極めて小さいので、図6.1のように、確率分布の周辺部に相当する。確率分布の周辺部分の形状は用いられる確率分布関数によって大きく異なるので、危険確率の値は使用する確率分布関数に依存する。

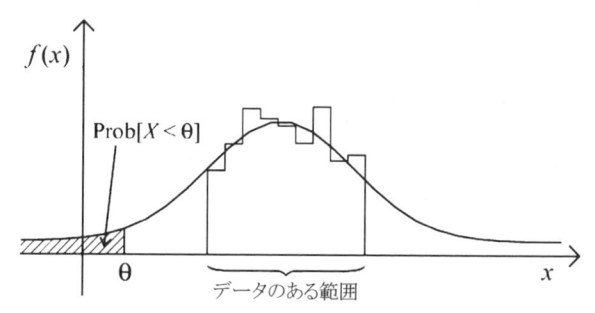

図6.1 確率分布形と危険確率

一方、データにより、確率分布関数を推定しようとすると、中央部分のデータがほとんどで、周辺部はもともと生起しにくいのでデータは得られないことが多い。このため、確率分布関数の関数形をデータだけから決定することは難しく、実際には、関数形を仮定したうえで、パラメータを推定している。仮定する分布関数形としては、正規分布を仮定することが多いが、安全性評価に関わる変数の中には、歩行速度、煙生成速度、流動係数、歩行時間、扉通過時間など、非負の変数が多く、負の値の生起確率が正となる正規分布を用いると、危険確率の計算値は真の値から大きくはずれる可能性がある。

6.2.2 主要確率変量の変量特性と実用的要請

歩行速度、流動係数、煙生成速度（単位時間あたりに対象空間に発生・供給される煙量から単位時間あたりの排煙量を差し引いたもの）の確率分布を検討する。このとき、避難経路長 l を避難するのにかかる歩行時間 T_t は、避難経路長 l を歩行速度 V で除した値となり、

$$T_t = l / V \tag{6.1}$$

という関係にある。つまり、歩行時間は、歩行速度を独立変数とすれば、従属変数とみなせる。同様に、扉通過時間も、流動係数を独立変数とすれば、従属変数になり、煙降下時間も、煙生成速度を独立変数と見れば、従属変数である。このように、それぞれが、類似した関係にあるので、当面の議論を歩行速度と歩行時間について行い、後に、流動係数、煙生成速度についての議論を行うことにしたい。

まず、基本的かつ重要な点として、歩行時間も歩行速度も、負にならないことが指摘できる。歩行時間は正であり、歩行速度も動かないという特殊ケースを除外すれば、正である。

次に、各変量の値を左右する要因の効き方を考える。歩行速度 V の場合、例えば、避難路の歩き易さ X と避難者の運動能力 Y を取り上げ、他の要因は一定である場合を考えてみよう。このとき、要因と歩行速度との関係として、次の2つのモデルを仮定してみる。

$$V = aX + bY \tag{6.2}$$

$$V = cXY \tag{6.3}$$

前者は要因が和の形になっており、後者は積の形になっているので、和モデル、積モデルと呼ぼう。

ここで、歩き易さ X を ΔX だけ変化させると、もともと歩行速度の遅い人の場合は歩行速度がもともと小さいので歩行速度の変化量 ΔV も小さい。この事実と、上記の2モデルとの関係を見てみよう。変化 ΔX に対して、和モ

デル、積モデルでの変化は、

$$\Delta V = a\Delta X \tag{6.4}$$

$$\Delta V = c\Delta X \cdot Y \tag{6.5}$$

となり、和モデルでの変化量 ΔV は、運動能力 Y の大小には依存せず歩き易さの変化量 ΔX だけに依存する。これに対して、積モデルでの変化量 ΔV は、運動能力 Y にも依存する。このことは、歩行速度が大きいケースでは結果として変化量 ΔV も大きくなる。したがって、積モデルの方が適切であることが分かる。以上の事実からすると、歩行速度は、各要因を表す変量の積の形になっていると考えるべきである。

歩行時間 T_i は、歩行速度 V と (6.1) の関係にあるので、歩行速度の各要因の逆数の積の形となる。

次に、将来、実際に避難安全性を確率論的に評価する場合の実用性を考えると、歩行時間も移動速度も同じ確率分布の方が便利と思われる。

以上の歩行時間と歩行速度について、
 1) 正の変量である、
 2) 各要因を表す変量の積で表される、
 3) 歩行時間と歩行速度は同じ型の確率分布になる、
という3つの要請を満足する確率分布形を探すことにしたい。

6.2.3 歩行速度と歩行時間の確率分布形の導出

正規分布の場合、変量の値が負になる確率が正となるので、前項の要請1)を満足できない。したがって、平均値が正で大きな値であり、分散が小さく、変量の値が負となる確率が極めて小さいという場合には実用上使用できるかもしれないが、歩行速度、歩行時間についての確率分布形としては、正規分布以外の分布が望ましいといえる。

要請2)を明確にするため、変量 X の各要因を表す変量を X_i で表すと、

$$X = X_1 \cdot X_2 \cdots\cdots X_n \tag{6.6}$$

となるが、これは、

$$\ln X = \sum_{i=1}^{n} \ln X_i \tag{6.7}$$

と書ける。どのような確率分布をするか分からない変量 X_i でもその変量の和 ΣX_i の確率分布は正規分布に漸近するので、$\ln X$ の確率分布は正規分布とみなせる。つまり、変数 X は対数正規分布になる。

要請2)から確率分布は対数正規分布となるが、この分布は要請1)をも満足する。

要請3)については、歩行速度が対数正規分布であるとき、歩行時間も対数正規分布になることを以下に証明する。

歩行速度 V が対数正規分布をなすということは、$\ln V$ が平均 m_v、分散 σ_v^2 の正規分布をなすということである。このことは、確率論の慣例的表記で、

$$\ln V \sim N[m_v, \sigma_v^2] \tag{6.8}$$

のように書かれる。このとき、歩行速度 V の確率密度関数 $f_V(v)$ は次式のようになる。

$$f_V(v) = \frac{1}{v\sqrt{2\pi}\sigma_v} \exp[-\frac{(\ln v - m_v)^2}{2\sigma_v^2}] \tag{6.9}$$

このとき、歩行速度 V が v 以下となる確率は、

$$\text{Prob}[V \leq v] = F_V(v) \tag{6.10}$$

と表され、累積分布関数 $F_V(v)$ は確率密度関数 $f_V(v)$ と次のような関係にある。

$$\frac{d}{dv}F_V(v) = f_V(v) \qquad (6.11)$$

避難経路距離 l（定数）として歩行時間 T_t の確率分布を計算してみよう。まず、歩行時間 T_t の累積分布関数、確率密度関数をそれぞれ以下のように表しておく。

$$F_{Tt}(t) = \mathrm{Prob}[T < t] \qquad (6.12)$$

$$f_{Tt}(t) = \frac{d}{dt}F_{Tt}(t) \qquad (6.13)$$

このとき、累積分布関数 $F_{Tt}(t)$ は、(6.1)式より、

$$F_{Tt}(t) = \mathrm{Prob}[\frac{l}{V} \leq t] = \mathrm{Prob}[\frac{l}{t} \leq V] = 1 - \mathrm{Prob}[V \leq \frac{l}{t}] \qquad (6.14)$$

となるが、(6.10)式の歩行速度の累積分布関数を用いると、次のようになる。

$$F_{Tt}(t) = 1 - F_V\left(\frac{l}{t}\right) \qquad (6.15)$$

歩行時間の確率密度関数 $f_{Tt}(t)$ は、(6.13)式で示すように、歩行時間の累積分布関数 $F_{Tt}(t)$ を t で微分したものなので、

$$f_{Tt}(t) = -\frac{d}{dt}F_V\left(\frac{l}{t}\right) \qquad (6.16)$$

となるので、以下のようになる。

$$f_{Tt}(t) = \frac{l}{t^2}f_V\left(\frac{l}{t}\right) \qquad (6.17)$$

上式を、(6.9)式を用いて書き直すことで次のようになる。

$$f_{Tt}(t) = \frac{1}{t\sqrt{2\pi}\sigma_v} \exp[-\frac{(\ln t - (\ln l - m_v))^2}{2\sigma_v^2}] \tag{6.18}$$

この結果は、歩行時間の確率密度関数も対数正規分布になっていることを示している。つまり、歩行時間 T_t の対数 $\ln T_t$ は平均 $\ln l - m_v$、分散 σ_v^2 の正規分布をなす。

$$\ln T_t \sim N[\ln l - m_v, \sigma_v^2] \tag{6.19}$$

以上の計算プロセスを逆にたどれば、歩行時間が対数正規分布をなすときは、歩行速度分布は対数正規分布であることがわかる。

6.2.4 他の主要確率変量の確率分布形の導出

以上の歩行速度と歩行時間に関する論法は、流動係数と扉通過時間、煙生成速度と煙降下時間に関しても同様に適用できる。

流動係数 N の対数 $\ln N$ が平均 m_n、分散 σ_n^2 の正規分布をなす、すなわち、

$$\ln N \sim N[m_n, \sigma_n^2] \tag{6.20}$$

となるとき、流動係数 N の確率密度関数は、

$$f_N(n) = \frac{1}{n\sqrt{2\pi}\sigma_n} \exp[-\frac{(\ln n - m_n)^2}{2\sigma_n^2}] \tag{6.21}$$

で与えられ、対象空間の避難者数 n_0、扉幅合計 b であるとき、扉通過時間 T_q の確率密度関数は、以下のようになる。

$$f_{Tq}(t) = \frac{1}{t\sqrt{2\pi}\sigma_n} \exp[-\frac{(\ln t - (\ln(n_0/b) - m_n))^2}{2\sigma_n^2}] \tag{6.22}$$

したがって、扉通過時間 T_q の対数 $\ln T_q$ が平均 $\ln(n_0/b) - m_n$、分散 σ_n^2 の正規分布をなす。すなわち、

$$\ln T_q \sim N[\ln(n_0/b) - m_n, \sigma_n^2] \tag{6.23}$$

となる。

　煙生成速度 S の対数 $\ln S$ が平均 m_s、分散 σ_s^2 の正規分布をなす、すなわち、

$$\ln S \sim N[m_s, \sigma_s^2] \tag{6.24}$$

となるとき、煙生成速度 S の確率密度関数は、対数正規分布となり次式で与えられる。

$$f_S(n) = \frac{1}{s\sqrt{2\pi}\sigma_s} \exp[-\frac{(\ln s - m_s)^2}{2\sigma_s^2}] \tag{6.25}$$

このとき、対象空間が、面積 a、天井高さ h_c、限界煙層高さ h_0 であるとき、煙降下時間 T_s の確率密度関数は次式のようになる。

$$f_{Ts}(t) = \frac{1}{t\sqrt{2\pi}\sigma_s} \exp[-\frac{(\ln t - (\ln w - m_s))^2}{2\sigma_s^2}] \tag{6.26}$$

ここで、w は限界蓄煙量

$$w = a(h_c - h_0) \tag{6.27}$$

を表す。

　したがって、煙降下時間 T_s の対数 $\ln T_s$ が平均 $\ln w - m_s$、分散 σ_s^2 の正規分布をなす。すなわち、

$$\ln T_s \sim N[\ln w - m_s, \sigma_s^2] \tag{6.28}$$

となる。

6.3 避難安全性の確率論的評価

6.3.1 基本前提

多様な建築プランに適用可能な現実的な避難安全性の確率論的評価方法を構成するためにはさまざまな検討が必要であり、また、複雑すぎて原理的な部分がかえって分かりにくくなってしまう。そこで、以下では、極めて単純なケースを想定して、確率論的評価方法の構成を試みる。

避難安全検証法においては、居室避難時間の算定において、避難開始時間、歩行時間、扉通過時間の和として求めている。これは、扉から離れた場所からの避難者が扉に到達する時点では、扉近くの避難者が扉を通過してしまっているので、実際の時間よりは大きくなると思われる。事実、建築防災計画指針[28]では、歩行時間と扉通過時間の大きい方の値で避難時間を算定していた。避難安全検証法の場合には、より安全側の判断となるよう歩行時間、扉通過時間の和を用いたと思われる。実際のプランでは、室の面積に比べ避難経路長が長く避難時間が歩行時間でほぼ決まるケース（歩行時間卓越型）と、室面積に比べ避難経路長が短く避難時間が扉通過時間でほぼ決まるケース（扉通過時間卓越型）が多い。そこで、以下では、この2つのケースを想定し、確率論的評価を構成してみたい。

なお、以下の両ケースにおいて、避難開始時間の問題は除外して検討する。その理由は、避難開始までのプロセスは、建物用途（例えば、病院、高齢者施設、浴場など）によって多様であり、これを確率論的モデルとして定式化するには、多くの研究課題があり、現段階では複雑すぎるからである。

6.3.2 歩行時間卓越型プランでの評価

（1）対象空間

内容を明確化するため、評価対象である空間の諸量を定義しておきたい。

まず、図6.2に示す空間の最大避難経路（長さ l ）の一端にいる避難者が安

全区画まで歩行する時間を歩行時間 T_t と想定する。また、この空間の面積を a、天井高さは空間内で同一の h_c であると仮定する。また、煙層の下端の高さが図6.3に示す限界煙層高さ h_0 以下にならないうちに避難完了すればよいと考える。煙層下端が h_0 に達する時間 T_s を煙降下時間と呼ぶ。

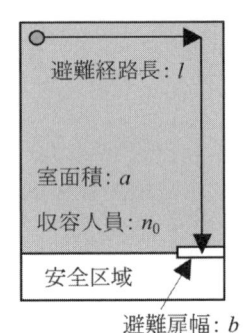

図6.2 評価対象空間の平面

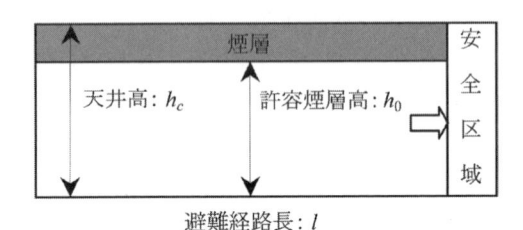

図6.3 評価対象空間の断面

(2) 避難失敗確率

避難の失敗を、避難完了以前に煙が限界煙層高さ以下に下降してしまうこと、つまり、歩行時間 T_t よりも煙降下時間 T_s が小さい場合、

$$T_s < T_t \tag{6.29}$$

と考えると、避難失敗確率 p は、

$$p = \mathrm{Prob}[T_s < T_t] = \mathrm{Prob}[\ln T_s - \ln T_t < 0] \tag{6.30}$$

となる。この確率は、既に求めた歩行時間 T_t の確率密度関数 $f_{Tt}(t)$ と煙降下時間 T_s の確率密度関数 $f_{Ts}(t)$ により確定するはずであり、以下、その導出を考える。

確率変数 T_t, T_s が共に対数正規分布をなしているので、$\ln T_t$, $\ln T_s$ はそれぞれ正規分布に従う。

ところで、一般的に正規分布 $N[m_1, \sigma_1^2]$ に従う確率変数 X_1 と正規分布 $N[m_2, \sigma_2^2]$ の確率変数 X_2 との差 X_3 の分布は、正規分布 $N[m_3, \sigma_3^2]$ の確率変数になり、そのパラメータは以下のようになっている。

$$m_3 = m_1 - m_2, \quad \sigma_3^2 = \sigma_1^2 + \sigma_2^2 \tag{6.31}$$

したがって、確率変量

$$Z = \ln T_s - \ln T_t \tag{6.32}$$

は、正規分布に従い、その平均 m_z および分散 σ_z^2 は、次式のようになる。

$$m_z = (\ln w - m_s) - (\ln l - m_v) \tag{6.33}$$

$$\sigma_z^2 = \sigma_v^2 + \sigma_s^2 \tag{6.34}$$

以上の結果によれば、先の(6.30)式の避難失敗確率 p は、

$$p = \text{Prob}[Z < 0] = \Phi(-\frac{m_z}{\sigma_z}) = \Phi\left(\frac{(\ln l - m_v) - (\ln w - m_s)}{\sqrt{\sigma_v^2 + \sigma_s^2}}\right) \tag{6.35}$$

と表すことができる。ただし、Φ は標準正規分布（つまり、平均 0、標準偏差 1 の正規分布）の累積密度関数を表す。なお、この関数 $\Phi(x)$ は、Excel などの表計算ソフトで、引数 x の値を指定すれば容易に計算できる。

(3) 確率論的避難安全検証

実際の設計では、正確に避難失敗確率を求めるよりも、避難安全性が一定水準以上であることを確認したい場合が多い。避難失敗確率は出来るだけ小さい

方がよいが、まったくゼロとすることは不可能である。現行の法規定を満足しているものでも、避難失敗確率はゼロではない。いわば、一定のリスクを許容している。この許容確率を p_0 とするとき、上記の避難失敗確率が、p_0 以下であればよいことになる。そこで、

$$\Phi(\theta) = p_0 \tag{6.36}$$

となる値 θ を求めておけば、許容水準を満たすという条件は、関数 Φ は単調増加関数であることから、

$$\frac{(\ln l - m_v) - (\ln w - m_s)}{\sqrt{\sigma_v^2 + \sigma_s^2}} \leq \theta \tag{6.37}$$

ということになる。これが、われわれが求めていた確率論的な見地からの避難安全判断式である。法規等で指定した許容限界を表す値 θ、観測データより得られる歩行速度 V の対数 $\ln V$ の平均 m_v と分散 σ_v^2、煙生成速度 S の対数 $\ln S$ の平均 m_s と分散 σ_s^2、設計値である空間寸法より決まる l, w のそれぞれの値を上式に代入して、安全性が判定できる。

6.3.3 扉通過時間卓越型プランでの評価

(1) 対象空間

扉通過時間卓越型プランとして、室内面積 a および在館者数 n_0 に比べ扉幅合計 b の小さいプランを想定する。

(2) 避難失敗確率

議論の展開は歩行時間卓越型の場合と同様で、(6.29) 式に代えて、扉通過時間 T_q よりも煙降下時間 T_s が小さい場合、

$$T_s < T_q \tag{6.38}$$

に避難が失敗する。したがって、避難失敗確率 p' は、

$$p' = \text{Prob}[T_s < T_q] = \text{Prob}[\ln T_s - \ln T_q < 0] \tag{6.39}$$

となる。

この確率も歩行時間卓越型の場合と同様にして、

$$p' = \Phi\left(\frac{(\ln n_0/b - m_n) - (\ln w - m_s)}{\sqrt{\sigma_n^2 + \sigma_s^2}}\right) \tag{6.40}$$

となる。

(3) 確率論的避難安全検証

(6.40)式の結果、(6.36)式で定義された許容水準に対応するθを用いて、扉通過時間卓越型における避難安全判断式

$$\frac{(\ln n_0/b - m_n) - (\ln w - m_s)}{\sqrt{\sigma_n^2 + \sigma_s^2}} \leq \theta \tag{6.41}$$

が得られる。

6.4　確定論的評価との比較

6.4.1　確定論的評価

　確率論的評価と確定論的評価の違いを調べておく。そのため、現在用いられている確定論的評価方法を整理しておこう。

　歩行時間卓越型プランと扉通過時間卓越型プランでの確率論的評価に対応して、避難安全検証法の考え方で評価することを行ってみる。つまり、歩行時間卓越型プランに対しては、歩行時間が煙降下時間よりも短いこと、扉通過時間卓越型プランに対しては扉通過時間が煙降下時間よりも短いことが確定論的な安全判断である。ただし、確定論的評価では、歩行速度、流動係数、煙生成速度は、安全側判断となるように計測値そのものよりも安全側、つまり、歩行速

度、流動係数は実際よりも小さい値、煙生成速度については大きめの値が用いられていると思われる。そこで、確定論的評価で用いる歩行速度、流動係数、煙生成速度を確定量 $v*$、$n*$、$s*$ で表すとすれば、歩行時間、扉通過時間および煙降下時間は、

$$t_t = \frac{l}{v*}, \quad t_q = \frac{n_0}{n* \cdot b}, \quad t_s = \frac{w}{s*} \tag{6.42}$$

という確定量となる。

われわれの定式化では避難開始時間の問題を除いて考えているので、歩行時間卓越型プランに対する確定論的評価は、歩行時間が煙降下時間よりも短いこと、つまり、

$$t_t \leq t_s \tag{6.43}$$

を満足するものを安全とみなす。したがって、(6.42) および (6.43) により、歩行時間卓越型プランに対する確定論評価において、安全と判断される条件は、次式で表される。

$$\frac{l}{v*} \leq \frac{w}{s*} \tag{6.44}$$

同様にして、扉通過時間卓越型プランに対する確定論的評価は、次式を満足するものを安全とみなす。

$$t_q \leq t_s \tag{6.45}$$

(6.42) および (6.45) により、扉通過時間卓越型プランに対する確定論評価において、安全と判断される条件は、次式となる。

$$\frac{n_0}{n* \cdot b} \leq \frac{w}{s*} \tag{6.46}$$

一方、歩行速度、流動係数、煙生成速度のそれぞれの計測平均 $\overline{v}$、$\overline{n}$、$\overline{s}$ に対して、安全判定に用いる確定量 v^*、n^*、s^* は、安全側判断となるように決められていたので、

$$v^* = \alpha_v \overline{v}, \quad n^* = \alpha_n \overline{n}, \quad s^* = \alpha_s \overline{s} \tag{6.47}$$

と表すことができる。α_v、α_n、α_s は、安全側判定のための係数であり、

$$\alpha_v \leq 1, \quad \alpha_n \leq 1, \quad \alpha_s \geq 1 \tag{6.48}$$

となっている。

6.4.2 確率論的評価と確定論的評価の関係

歩行時間卓越型プランに対する確定論評価(6.44)式と確率論的評価(6.37)式、扉通過時間卓越型プランに対する確定論評価(6.46)と確率論的評価(6.41)式とは、一見するとまったく異なるように見える。確率論的視点を導入したため、まったく異なる判断基準となってしまったのだろうか。この点を以下に検討しておこう。

まず、歩行時間卓越型プランに対する評価について、検討する。そのため確定論評価(6.44)式を、(6.47)式を用いて次のように変形しておこう。

$$\frac{l}{\overline{v}} \frac{\overline{s}}{w} \leq \frac{\alpha_v}{\alpha_s} \tag{6.49}$$

左辺第1項は、安全係数なしに評価した歩行時間であり、第2項は、安全係数なしに評価した煙降下時間の逆数であり、左辺全体で、煙降下時間に対する歩行時間比率を安全係数なしで表している。右辺は、安全側判断となるように人為的に決めた安全係数を表している。

一方、確率論的評価(6.37)式は、次のように変形できる。

$$\frac{l}{\exp[m_v]} \frac{\exp[m_s]}{w} \leq \exp[\theta\sqrt{\sigma_v^2 + \sigma_s^2}] \qquad (6.50)$$

上式左辺第1項の分母は、歩行速度の対数 $\ln V$ の平均 m_v の指数なので、ばらつきが大きくなければ、ほぼ歩行速度の平均に近い値となる。同様に、第2項分子も煙生成速度の平均に近い値となる。したがって、(6.50)の左辺第1項はほぼ歩行時間、第2項はほぼ煙降下時間の逆数となっており、右辺は人為的に定めた基準 θ と変量のばらつきを表す分散 σ_v^2、σ_s^2 からなっている。(6.49)式と比べると、左辺はほとんど同じ内容である。右辺については、確定論評価の(6.49)式が安全係数で決まる数値基準であるのに対して、確率論的評価の(4.50)式は、リスクの許容値から決まる基準 θ とデータのばらつきを表す数値基準になっていることが分かる

扉通過時間卓越型プランに対する評価についても同様な議論となる。すなわち、(6.46)式の確定論的評価式は、(6.47)式を用いて、

$$\frac{n_0}{\overline{n} \cdot b} \frac{\overline{s}}{w} \leq \frac{\alpha_n}{\alpha_s} \qquad (6.51)$$

となり、(6.41)式の確率論評価式は、次式のようになる。

$$\frac{n_0}{b \exp[m_n]} \frac{\exp[m_s]}{w} \leq \exp[\theta\sqrt{\sigma_n^2 + \sigma_s^2}] \qquad (6.52)$$

確定論的評価式(6.51)、確率論評価式(6.52)の両者ともに、左辺が扉通過時間を煙降下時間で除した値を表している。

さらに厳密な確率論的評価と確定論的評価の関係を調べるために、対数正規分布をなす確率変数の計測平均 $\overline{v}$、$\overline{n}$、$\overline{s}$、対数値の平均 m_v、m_n、m_s 対数値の分散 σ_v^2、σ_n^2、σ_s^2 に対し、次の関係が成り立つことを利用する。

$$\overline{v} = \exp[m_v + \frac{1}{2}\sigma_v^2], \tag{6.53.1}$$

$$\overline{n} = \exp[m_n + \frac{1}{2}\sigma_n^2], \tag{6.53.2}$$

$$\overline{s} = \exp[m_s + \frac{1}{2}\sigma_s^2] \tag{6.53.3}$$

(6.53) 式を、(6.49) 式、(6.51) 式に代入することで、確定論的評価式は、次の 2 式に変形できる。

$$\frac{l}{\exp[m_v]} \frac{\exp[m_s]}{w} \leq \frac{\alpha_v}{\alpha_s} \frac{\exp[\sigma_v^2/2]}{\exp[\sigma_s^2/2]} \tag{6.54}$$

$$\frac{n_0}{b\exp[m_n]} \frac{\exp[m_s]}{w} \leq \frac{\alpha_n}{\alpha_s} \frac{\exp[\sigma_n^2/2]}{\exp[\sigma_s^2/2]} \tag{6.55}$$

したがって、歩行時間卓越型プランに対する確定論評価 (6.54) 式と確率論的評価 (6.50) 式の左辺は完全に一致し、右辺の数値基準の表現の違いだけであることが分かる。同様に、扉通過時間卓越型プランに対する確定論評価 (6.55) 式と確率論的評価 (6.52) 式の左辺は完全に一致し、右辺の数値基準の表現の違いだけである。

さらに、安全係数が、

$$\ln\frac{\alpha_v}{\alpha_s} = \theta\sqrt{\sigma_v^2 + \sigma_s^2} - \frac{1}{2}(\sigma_v^2 - \sigma_s^2) \tag{6.56}$$

$$\ln\frac{\alpha_n}{\alpha_s} = \theta\sqrt{\sigma_n^2 + \sigma_s^2} - \frac{1}{2}(\sigma_n^2 - \sigma_s^2) \tag{6.57}$$

となる場合は、歩行時間卓越型プランに対する確定論評価 (6.54) 式と確率論

的評価(6.49)式の両辺は完全に一致し、扉通過時間卓越型プランに対する確定論評価(6.55)式と確率論的評価(6.52)式の両辺は完全に一致する。すなわち、(6.56)、(6.57)式を満足するように安全係数を定めれば、確定論的評価と確率論的評価は完全に一致する。つまり、同じ手続きで評価しているのであって、違いは、確定論的評価には、安全係数という経験的な仮定値を前提としているのに対して、確率論的評価は、意味のはっきりした許容確率と計測データから決まるという点である。

この事実は、確定論的評価で用いられている各種の安全係数 α_v、α_n、α_s は、これまで経験的に与えられてきたが、確率論的に考えれば、許容確率から決まる基準値 θ および各変量の計測データから得られる分散 σ_v^2、σ_n^2、σ_s^2 を元に、(6.56)(6.57)を満足するように決めるべきだといえる。

第7章

避難経路の確率論的評価と2方向避難原理の妥当性

7.1 2方向避難原則の考え方

現行の建築基準法で適法な図 7.1 に示す 3 つの設計案 I （両端階段型）、II （途中階段型）、III （1 階段型）の比較を通じて、避難安全性評価の問題点を明確にしたい。III の 1 階段型は階段数が少なく建設費に関する経済性で優れているが避難安全上好ましくないとされる。I と II は、経路長当りの階段数は同一なので経済性の点ではほぼ同水準であると言える。性能規定での避難安全性判定や防災計画評定で用いられている各室から階段までの避難時間は II の途中階段型の方が小さく他の条件が等価ならば I 案の両端階段型よりも II の方が安全側に評価される。しかし、多くの防火技術者は、むしろ避難安全性は I の両端階段型の方が優れていると判断する。その理由は、以下のような判断によっている。両端階段型では、火災により経路上の X が通行不可能になった場合、X よりも左側では避難階段 A に、X よりも左側では避難階段 B に避難すればよいので、どの地点が通行不可能になっても常に避難経路を確保されている。これに対して、II では例えば、火災により経路上の cC 間の Y が通行不可能になった場合、cY 間の避難者は階段までの避難経路がなくなり避難不可能になる。これが 2 方向避難原則の考え方である。III の 1 階段型が好ましくないとされるのも、この原則に合致しないからである。2 方向避難原則の考え方は、建築安全設計の基本原則といえるが、確率論的に考えた場合問題がないわけではない。この点を明確にするため、次節で通路の通行可能確率の定式化を試みる。

第 7 章 避難経路の確率論的評価と 2 方向避難原理の妥当性　123

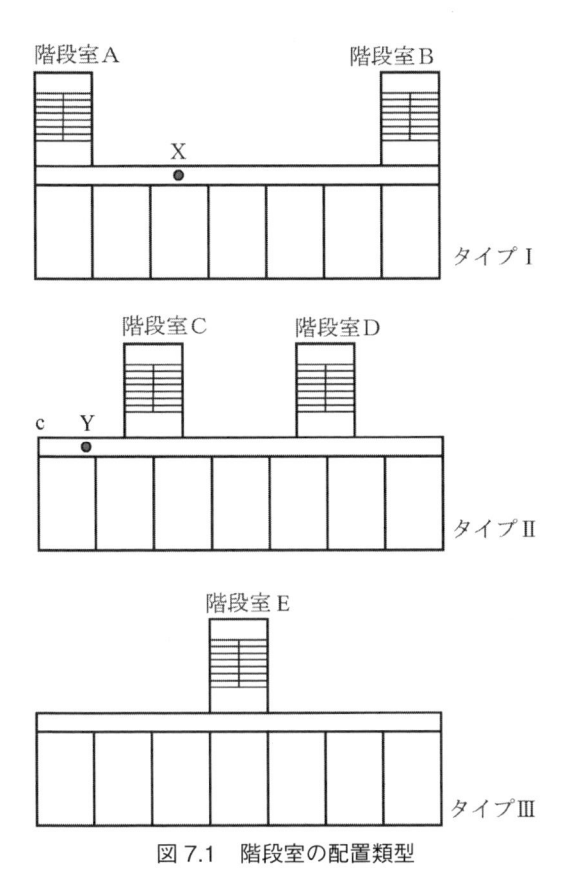

図 7.1　階段室の配置類型

7.2　避難経路の確率論的評価の基本概念

7.2.1　単純通路の通行可能確率の導出

　吉村・鄭 [36] は、避難経路上に荷物などで閉塞される可能性を考えた避難経路の確率論的評価を試みている。彼らは、深海での光強度の減衰現象との類推から、距離 d の避難経路の信頼度 r を、

$$r(d) = r_0^{d/d_0} \tag{7.1}$$

となることを主張し、これをもとにネットワーク状の経路の信頼度（NT信頼度）を検討している。

実は、(7.1)式と等価な式が、以下の2つの仮定のもとで、数理的に導出できる。まず、枝分かれしない通路を想定し、通路はどこでも同じ条件になっているとする。このような通路を単純通路と呼ぶことにする。単純通路において、距離xの移動中に経路上に障害物がなく順調に通行可能な確率を、あらためて$r(x)$とする。

単純通路では、以下の仮定が成立していると考えられる。

仮定1：距離xを移動した以降の経路での障害発生現象は距離xまで過去の現象と独立である。

仮定2：任意の距離xと$x+\Delta x$の間の障害発生確率は、どの距離xにおいても同一である。

この2つの仮定のもとで通行可能確率$r(x)$が、

$$r(x) = e^{-\lambda x} \tag{7.2}$$

と数学的手続きだけで導出できる（第3章の「3.2.2 指数型信頼度関数の導出」の(3.26)式の導出と数学的には同じである）。以下、この(7.2)式を前提として議論する。

7.2.2　2方向避難の確率論的意味

避難経路が1つしかない場合と2つある場合の避難可能確率を考察しておこう。前者の1つの避難経路の通行可能確率はr_1であり、後者の通行可能確率はr_2, r_3であったとしよう。また、2つの避難経路の障害発生現象は確率的に独立であると仮定できるものとする。このとき、避難経路が1つしかない場合の避難可能確率q_1は、

$$q_1 = r_1 \tag{7.3}$$

である。一方、避難経路が2つある場合の避難可能確率q_2を求めるために、

避難が失敗してしまう事象の確率を考えると、以下のようになる。

$$1 - q_2 = (1 - r_2)(1 - r_3) \tag{7.4}$$

この式から、避難経路が2つある場合の避難可能確率 q_2 は、

$$q_2 = r_2 + r_3 - r_2 r_3 \tag{7.5}$$

となる。経路の多重性に由来する(7.3)式と(7.5)式の違いは、以下の議論の基礎になる。両者の差異を直感的に理解するため、

$$r_1 = r_2 = r_3 = r \tag{7.6}$$

の場合の避難可能確率は以下のように計算でき、

$$q_1 = r, \quad q_2 = 2r - r^2 \tag{7.7}$$

2つの避難経路を持つ場合が1つの場合の1~2倍の避難可能性を有することがわかる。これが、2方向避難の原理が推奨される理由である。

7.3 避難階段位置の確率論的評価

7.3.1 モデル化

階段位置の評価を行うため、まず、図7.1のⅡ（途中階段型）で定式化しておこう。

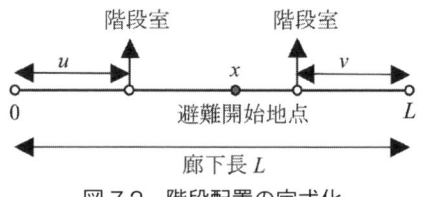

図7.2 階段配置の定式化

直線廊下の長さを L とし、両端部から階段入口までの距離を u, v とする。

このとき、

$$u = v = 0 \tag{7.8}$$

であれば、図7.1のⅠ（両端階段型）を表している。また、

$$u + v = L \tag{7.9}$$

ならば、2つの階段は1つに重なってしまうので、図7.1のⅢ（1階段型）を表していることになる。つまり、図7.1の階段のタイプ分類は距離を u, v の値で区別できる。したがって、以下の議論は、3タイプの階段位置の平面を同時に議論していることになる。さらに、議論の見通しをよくするため、対称形、つまり、

$$u = v \tag{7.10}$$

の平面について、細かく議論することにしたい。

　廊下の西側端部を座標原点とし、避難者が廊下に出てくる場所（以下、避難開始地点と呼ぶ）の座標を x とする。（図7.2）

　また、対称形平面の場合、

$$0 \leq u \leq \frac{L}{2} \tag{7.11}$$

が成立していなければならない。

　また、この廊下部分の単位距離当りの障害発生率 λ は一定であると仮定しておく。

7.3.2　避難可能確率

　避難者が廊下に出てから階段室までの避難の可能性を検討する。避難開始の場所によって避難可能性は異なるので、避難可能確率は避難開始地点 x の関数 $q(x)$ になる。

図7.2から分かるように、階段までの避難経路が1つしかない区間 $[0, u]$（もしくは $[L\text{-}u, L]$）と2つの避難経路がある区間 $[u, L\text{-}u]$ があるので、それぞれの区間ごとに避難可能確率を求める。

A：西端から西階段までの区間

この区間 $[0, u]$ では、距離 $u-x$ の避難経路が1つだけなので、避難可能確率はその通行可能確率となる。これは、(7.2)式より与えられるので、この区間の避難可能確率は以下のようになる。

$$q(x) = e^{-\lambda(u-x)}, \quad 0 \leq x \leq u \tag{7.12}$$

さらに、この区間では、

$$\frac{\partial q}{\partial x} = \lambda e^{-\lambda(u-x)} > 0 \tag{7.13}$$

なので、避難可能確率は単調増加で、区間内の最小値、最大値は次のようになっている。

$$q(0) = e^{-\lambda u}, \quad q(u) = 1 \tag{7.14}$$

B：西階段と東階段の区間

この区間 $[u, L\text{-}u]$ では距離 $x-u$ と $L-u-x$ の2つの避難経路があり、それぞれの通行可能確率は、(7.2)式により、

$$r_2 = e^{-\lambda(x-u)}, \quad r_3 = e^{-\lambda(L-u-x)} \tag{7.15}$$

である。さらに、(7.5)式によって、この区間の避難可能確率は以下のようになる。

$$q(x) = e^{-\lambda(x-u)} + e^{-\lambda(L-u-x)} - e^{-\lambda(L-2u)}, \quad u \leq x \leq L-u \tag{7.16}$$

さらに、

$$\frac{\partial q}{\partial x} = -\lambda e^{-\lambda(x-u)} + \lambda e^{-\lambda(L-u-x)} = 0 \tag{7.17}$$

は、

$$x = \frac{L}{2} \tag{7.18}$$

という解をもち、この区間にわたって、

$$\frac{\partial^2 q}{\partial x^2} = \lambda^2 e^{-\lambda(x-u)} + \lambda^2 e^{-\lambda(L-u-x)} > 0 \tag{7.19}$$

であることから、避難可能確率は区間 $[u, L/2]$ で単調減少、区間 $[L/2, L-u]$ で単調増加となっており、区間内の最小値、最大値は次のようになっている。

$$q(L/2) = 2e^{-\lambda(L/2-u)} - e^{-\lambda(L-2u)}, \tag{7.20.1}$$

$$q(u) = q(L-u) = 1 \tag{7.20.2}$$

C：東階段から東端までの区間

この区間 $[L-u, L]$ では距離 $x-L+u$ の避難経路が1つある。したがって、区間 A の場合と同様に、避難可能確率は以下のように求まる。

$$q(x) = e^{-\lambda(x-L+u)}, \quad L-u \leq x \leq L \tag{7.21}$$

さらに、同様の議論で、避難可能確率はこの区間で単調減少になっており、区間内の最小値、最大値は次のようになっている。

$$q(L) = e^{-\lambda u}, \quad q(L-u) = 1 \tag{7.22}$$

以上の区間別の議論をまとめると、避難可能確率の形状は図 7.3 のようにな

ることが分かる。

一般に、避難開始地点が階段入口位置にあれば避難可能確率は1であり、両者の距離増大に伴い避難可能確率は減少していく。2方向避難可能な階段と階段との間の避難開始地点では、この減少の割合が小さく、逆に、2方向避難が成立していない区間では、避難可能確率の距離に伴う減少は大きい。

以上は、図7.1のⅡ（途中階段型）の場合であるが、Ⅰ（両端階段型）、Ⅲ（1階段型）はⅡ（途中階段型）の特殊ケースとして含まれるので、両端階段型および1階段型の場合の避難可能確率も図7.4のように得られる。

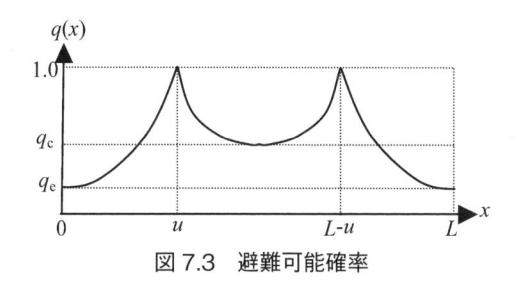

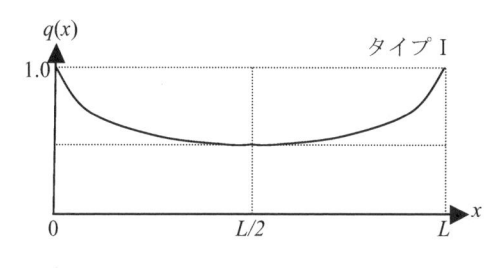

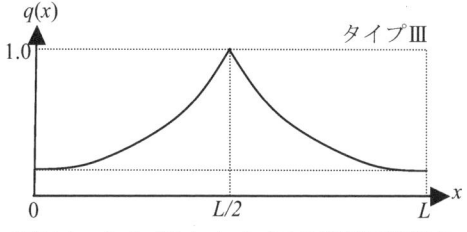

図7.3 避難可能確率

図7.4 タイプⅠとタイプⅢの避難可能確率

両端階段型に比べ1階段型の場合の避難可能確率の距離減衰は大きいので、1階段型の避難可能確率の最小値 q_1 は、両端階段型の最小避難可能確率の値 q_2 よりも小さい。事実 q_1 は (7.14) 式に $u = L/2$ を代入することで、また、q_2 は (7.20.1) 式で $u = 0$ とおくことで、以下のように得られる。

$$q_1 = e^{-\lambda L/2} \tag{7.23}$$

$$q_2 = 2e^{-\lambda L/2} - e^{-\lambda L} \tag{7.24}$$

(7.23)(7.24) 式より、

$$q_2 = 2q_1 - q_1^2 \tag{7.25}$$

となり、$0 \leq q_1, q_2 \leq 1$ の範囲で

$$q_1 \leq q_2 \tag{7.26}$$

が常に成立している。

　ここまで対称な平面に限定して避難可能確率を議論したが、図 7.4 から分かるように、1階段型では避難可能確率は階段位置で値が1で、階段からの距離の増加に伴い減少するので、階段位置が中央から離れるとどちらかの端までの距離が延び結果として避難可能確率の最小値は減少する。したがって、1階段型では、対称型の中央階段配置のときに、避難可能確率の最小値は最大である。つまり、1階段型の中では、対称形1階段型が一番安全なものであり、(7.23) 式は、1階段型の最小避難可能確率の上限を表している。したがって、(7.26) 式は非対称形を含むどんな1階段型についても成立している。

7.4 マクシミニ原理からみた避難階段の最適配置

7.4.1 マクシミニ原理

避難可能確率は上述のように避難開始地点 x によって変化する。避難可能確率が大きい場所も小さい場所もある。より安全な建築設計案を作ろうとする段階では、建物全体の避難安全性を評価したい。リスク評価では、リスクの期待値（平均値）を最小化するような対策を望ましいと判断する場合が多い。われわれの問題では避難可能確率を用いているので、平均避難可能確率を建物の避難安全性の評価とする考え方となる。しかし、避難安全検証法や建築防災計画の避難計算では、「一番不利となる場所からの避難が可能である」ことを確認する方法が用いられている。つまり、この考え方を後に述べる理由で、マクシミニ原理と呼ぶことにする。期待値評価では、平均以下の不利な条件におかれた居住者の安全性を切り捨ててしまう可能性を有するが、マクシミニ原理では、むしろ弱者や不利な条件下の人の安全性を守りたいという考え方であり、われわれの問題には、マクシミニ原理が好ましいように思われる。

マクシミニ原理は、もともと、ゲーム理論の Max-Min 戦略に由来する。つまり、相手が自分にとって最悪な選択をした場合でも自分の利得を最大化する戦略が合理的戦略になるというものである。

マクシミニ原理をわれわれの問題で具体的に述べると、以下のようになる。

①与えられた設計案の避難安全の評価値は、避難開始地点 x を変化させた避難可能確率 q の最小値 $q_{\min}$ を用いる。

②複数の設計案の中では、各案の評価値 $q_{\min}$ が大きい方がよい。

7.4.2 最小避難可能確率

図 7.3 からわかるように避難可能確率が最小となるのは、中央か両端のいずれかである。つまり、最小値は、

$$q_c = q(L/2) = 2e^{-\lambda(L/2-u)} - e^{-\lambda(L-2u)} \tag{7.27}$$

$$q_e = q(0) = e^{-\lambda u} \tag{7.28}$$

の小さい方ということになる。以下、この大小関係を調べる。

まず、補助変数を以下のように定義する。

$$\theta = e^{-\lambda(L/2-u)} \tag{7.29}$$

この変数の変動範囲は、次の通りであることが容易に分かる。

$$0 < \theta \le 1 \tag{7.30}$$

この補助変数を用いると、(7.27)(7.28)式は、以下のように単純になる。

$$q_c = 2\theta - \theta^2 \tag{7.31}$$

$$q_e = e^{-\lambda L/2} \cdot \theta^{-1} \tag{7.32}$$

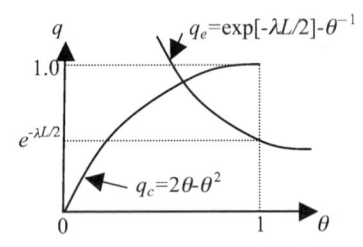

図7.5 2つの避難可能確率関数の関係

(7.31),(7.32)式をθ - q空間に描くと、図7.5のようになり、(7.30)式で示したθの範囲で交点が1つ存在することが分かる。この交点のθ座標をθ^*とする。(7.29)式より、補助変数θは階段位置を表す変数uの関数であるので、θ^*を与える変数uの値をu^*とする。u^*は、避難可能確率が両端部と中央で同時に同じ最小値になっているような階段位置を示している。そこで、u^*を等最小階段位置と呼ぶことにしたい。(7.29)式より、u^*は以下のようになる。

$$u^* = \frac{L}{2} + \frac{\ln\theta^*}{\lambda} \tag{7.33}$$

変数 u が等最小階段位置 u^* 未満のとき、変数 θ は θ^* 以下であり、図 7.5 より、$q_e > q_c$ であることが分かる。同様に、変数 u が等最小階段位置 u^* を越えるとき、$q_e < q_c$ となっていることが分かる。このことから、避難可能確率の最小値 $q_{\min}$ は以下のようになる。

$$\begin{aligned} q_{\min} &= 2e^{-\lambda(L/2-u)} - e^{-\lambda(L-2u)}, & 0 \leq u \leq u^* \\ &= e^{-\lambda u}, & u^* \leq u \leq L/2 \end{aligned} \tag{7.34}$$

階段位置 u によって最小避難可能確率 $q_{\min}$ は変化するので、変数 u の関数としての $q_{\min}$ の形状を調べる。

変数 u は (7.11) 式に示される範囲でなければならないが、先に求めた等最小階段位置 u^* との関係で場合分けして考える。

まず、$0 \leq u \leq u^*$ の場合、

$$\frac{\partial q_{\min}}{\partial u} = 2\lambda e^{-\lambda(L/2-u)}(1 - e^{-\lambda(L/2-u)}) \tag{7.35}$$

であり、変数 u は (7.11) 式に示される範囲にあるので、

$$0 < e^{-\lambda(L/2-u)} \leq 1 \tag{7.36}$$

であることから、

$$\frac{\partial q_{\min}}{\partial u} > 0 \tag{7.37}$$

である。

一方、$u^* \leq u \leq L/2$ の場合、

$$\frac{\partial q_{\min}}{\partial u} = -\lambda e^{-\lambda u} < 0 \tag{7.38}$$

となる。

以上の結果、変数uの関数とみた最小避難可能確率$q_{\min}$は、区間$[0, u^*]$の範囲で単調増加、区間$[u^*, L/2]$の範囲で単調減少となる。

さらに、階段位置が、両端部($u = 0$)、等最小階段位置($u = u^*$)、中央部($u = L/2$)となる場合の最小避難可能確率$q_{\min}$の値は以下のようになっている。

$$q_{\min} = 2e^{-\lambda L/2} - e^{-\lambda L}, \quad u = 0 \tag{7.39.1}$$

$$q_{\min} = e^{-\lambda u^*}, \quad\quad\quad u = u^* \tag{7.39.2}$$

$$q_{\min} = e^{-\lambda L/2}, \quad\quad\quad u = L/2 \tag{7.39.3}$$

以上の結果から、変数uの関数とみた最小避難可能確率$q_{\min}$の形状は、図7.6のようになっていることが分かる。

図から、最小避難可能確率$q_{\min}$の最大値は、等最小階段位置($u = u^*$)で達成されることが分かる。

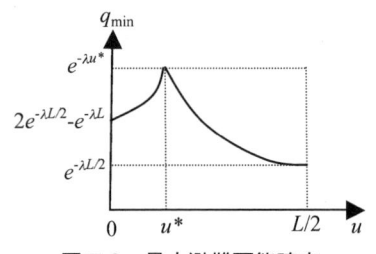

図7.6 最小避難可能確率

7.4.3 マクシミニ原理から見た最適階段位置

前節の結果は、防災計画の通念と相容れない面をもっている。通常、中廊下あるいは片廊下平面では両端部に2つの階段を配置することが望ましいとされてきた。理由は、図7.1のII（途中階段型）では、階段と端部までのいわゆる「行き止まり」区間では2方向避難となっていないことから、この区間で避難開始位置と階段との間で出火したような場合に避難不能になると考えられるからである。

しかし、「行き止まり」は2方向避難が達成されていないという同じ理由を確率論的に検討してみると、常識的な確定論的考え方と異なるのである。マクシミニ原理に従って判断すれば、前節の結果は、等最小階段位置 ($u = u^*$) に階段を配置した方が両端階段配置よりも安全になっているのである。図7.4から分かるように、両端階段型では、中央部で避難可能確率は最低になるが、図7.6から、両端階段 ($u = 0$) よりも階段を中央にずらした方が安全になる。つまり、両端階段型は2方向避難を名目的に達成するため、図7.4の避難可能確率が最低となる中央部の安全性を犠牲にしているのである。

上記の意外な結果を、直ぐに実用的な意味で解釈することは危険である。本章の結果では、確率論的避難評価の基礎的課題を検討したもので、考慮されていないさまざまな要因が存在するからである。重要な要因として、避難通路上で通行障害発生率は一定と仮定したが、同一廊下でも火煙の噴出の可能性の高い部分と低い部分がある。さらに、出火からの時間経過に伴い通行障害発生率は増加するという時間的要素が導入されていない点も現実と隔たりがある。

以上のような限界があるものの、本章で示した結果は、2方向避難原則を遵守するだけでよいと判断することの危険性を示し、また、現行法規に表れる重複距離規定の意味を明確にすることに寄与しているように思われる。いずれにしても、確定論的思考で考えられた通念は、確率論的に着実に議論するときに必ずしも正しくないことがあることを示しているといえよう。

第8章

普及促進と規制

8.1 規制と普及

　安全水準を維持するための各種規定は、さまざまの段階での議論を通じて慎重に形作られている。その中で重要な役割をなしているものに、当該事項に関する防災専門家による委員会がある。形式的には、学術団体内に設置された委員会もあれば、行政組織から委託された委員会などがあるが、専門家の意見の反映が期待されていることに違いない。

　防災専門家、とくに関連技術の専門家は、リスクの性質を熟知しており、リスクを減少するための最善策を知っていることから、その時点での最善の対策、つまり高い安全水準の規定を推奨する傾向が強いように思える。ところが、専門家の意見にそった規定が作られたのち、建築設計にかかわる実務者や施主から、当該規定が、過剰な安全性の規定になっているという意見が聞かれることがある。規定通りにすると、費用がかさむ、設計の自由度が減少するなどの意見がでることもある。結果として、当該規定の適用されない設計案が採用され、当該規定の該当する建築物の普及が進まず、法規は立派だが、社会全体の安全性はいっこうに向上していかない事態が生じることがある。

　普及の程度が不確定の場合については、すでに5章で、安全水準の設定の方法論を検討した。この章では、普及を促進するためには規定はいかにあるべきかを検討することにしたい。

　この普及促進の問題の理解を深めるために、具体的な規定を例にとりあげて、第2章で示した無差別曲線の概念を用いて、この問題を分析することにしたい。

8.2 排煙規定

建築火災では、高温煙による呼吸障害、視野制限・歩行能力低下が人的被害に繋がる。そこで、建築基準法では、この避難障害を防止するため、煙を外部へ排出することを規定している。排煙方式としては、排煙口を開放し煙を建物外に排出する自然排煙方式と、天井部分の排煙口から排煙機で吸引し屋上などから外部へ排出する機械排煙方式が用いられることが多い。近年では、加圧排煙方式、押し出し排煙方式も使われるが、ここでは自然排煙と機械排煙の2方式に限定して考えてみる。

自然排煙方式は室上部に自然排煙口を設け、排煙口を開放させる操作盤を設けるだけで比較的安価にできる。この方式の弱点は、火災時に誰かが操作盤で排煙口を開放させなければならない点で、一般の方は排煙口の開放操作のことを知らないだろうし、知っていたとしても火災避難時に的確に開放操作できるとは限らないという点である。

機械排煙方式は、感知器で排煙機が作動し排煙を開始する（人間による排煙機作動もある）。近年では感知器の性能も安定し機械排煙方式の信頼性は高い。しかし、火災室等から吸引した煙は水平ダクト、縦ダクトを経て排煙機に届き外部へ排出されるので、煙が高温になってくると排煙機も焼けてしまい、場合によっては排煙ダクトを介して火災が拡大してしまうので、ダクト内にヒューズ・ダンパーを設け、一定温度以上でヒューズが溶けダンパーが閉まるようになっている。つまり、煙が一定温度になったら機械排煙方式は停止してしまう。

自然排煙、機械排煙ともに火災初期の人間の避難のためのものであり、火災が拡大した時点まで機能することは期待されていない。

建築基準法の規定では、この機械排煙方式の場合、このシステムを作動させる独立した電源を要求している。排煙機への電源が火災の炎で断線してしまうと機械排煙が作動できなくなってしまうためと思われる。この意味で、建築基

準法の機械排煙は、機械排煙＋電源と呼ぶべきだろう。

8.3 機械排煙不採用理由

8.3.1 機械排煙不採用例

近年増えつつある高齢者施設などでは、自然排煙よりも機械排煙が望ましいというのが防火専門家の一致した意見だが、ほとんどの施設で自然排煙になっている。なぜ高齢者施設では、自然排煙方式となってしまったのだろう。この点を解明してみよう。

8.3.2 選択案の評価と無差別曲線

以下の議論を分かりやすくするため、［自然排煙］［機械排煙］［機械排煙＋電源］の3方式の安全性と経済性の評価値の大小関係を調べておこう。

排煙を必要とするのは、初期火災での避難に支障が生じないようにするためであり、火災初期では、通常電源の喪失が必ず生じるわけではなく、火災がある程度拡大し、排煙機に通じる電線が火炎により断線するまでに火災が拡大した段階で排煙機が作動しなくなる。さらに、たとえ電源が確保されていたとしても、300度近い高温の煙を吸入した段階でヒューズ・ダンパーにより、排煙は停止する。このような事情を考えると、［機械排煙］のみの場合に比べ［機械排煙＋電源］は安全性が高いものの、その差はそれほど大きなものではない。

一方、経済性は、［機械排煙＋電源］は電源設備の設置費用が生じるので、［機械排煙］より大きな費用負担が生じる。このような点を配慮して、議論を分かりやすくするため、数値を仮定したものを以下に示す。数字の大小関係は、上述のような現実の値を反映したものである。ただし、安全性は［自然排煙］を、経済性は［機械排煙＋電源］を基準にして数値化したもので、［自然排煙］の安全性は0、［機械排煙＋電源］の経済性は0になる。

［自然排煙］　　　　　（安全性 = 0，経済性 = 6）
［機械排煙］　　　　　（安全性 = 4，経済性 = 3）
［機械排煙＋電源］　　（安全性 = 5，経済性 = 0）

　第2章で示した、評価空間と無差別曲線を用いて以下の検討を進めることにしよう。そのため、第2章の概念を、再確認しておこう。安全性を横軸、経済性を縦軸にとった2次元空間が、評価空間である。無差別曲線は、各評価対象の安全性と経済性の評価値を2次元平面にプロットしたとき、この曲線上では、どちらが望ましいか、どちらを選択すべきかが区別できないという曲線である。

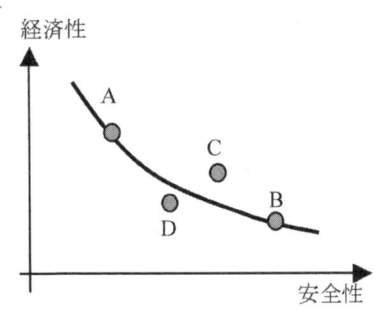

図8.1　評価空間と無差別曲線

　図8.1ではA点にプロットされる評価対象と、この点を通る無差別曲線上の点Bの評価対象とは、どちらを選択すべきか言えない。この無差別曲線の右上方にある評価対象Cと評価対象AやBとを比べると、評価対象Cを選択すべきと言える。また、AやBを通る無差別曲線の左下方にプロットされた評価対象Dと比較すると、評価対象Dよりは評価対象AかBを選択すべきと言える。

　先の評価値と無差別曲線を描いてみよう。［自然排煙］と［機械排煙＋電源］は、最低基準を示していると言われる建築基準法の規定なので、法の立場からは、両者は同一の無差別曲線上にあるはずだ。しかし、ここでは、排煙方式の選択者が施主・設計者であり、ここでの選好判断は、施主・設計者のものであ

ることに注意する。つまり、無差別曲線は施主・設計者の無差別曲線である。高齢者施設では、［機械排煙＋電源］よりも［自然排煙］が採用されていることから、［自然排煙］を通る無差別曲線の左下方に［機械排煙＋電源］が位置することになる。このとき、先の評価値での［機械排煙］に対して、無差別曲線は、どこにくるだろう。

　図8.2のように［自然排煙］を通る無差別曲線は、［機械排煙］の評価を表す点の下方を通る可能性は高い。その理由は、前述の数値評価で説明したように、［機械排煙］は［機械排煙＋電源］よりわずかに安全性が小さくなるが、経済性は大きく増大するので、図8.2の無差別曲線の上側に位置する可能性が高いからである。

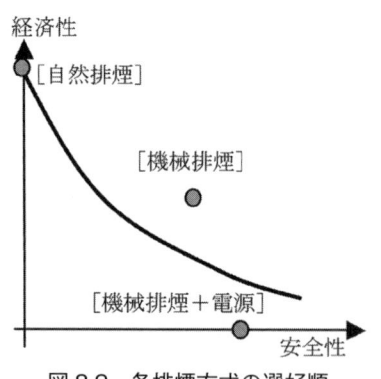

図8.2　各排煙方式の選好順

　つまり、施主・設計者の無差別曲線を用いた考察では、選択すべき排煙方式としての望ましい順は、［機械排煙］、［自然排煙］、［機械排煙＋電源］となる可能性が高い。この場合、どういうことが起こっているかを考えてみよう。

8.3.3　新たな選択肢での社会ストックの安全向上

　上記の考察では、機械排煙のみという選択肢を含めて考えた。しかし、基準法の選択肢には含まれていない。したがって、別電源つきの機械排煙方式と自然排煙方式に限定されている現行基準法のもとでは、上記の考察の結果、自然

排煙方式が採用されることになる。つまり、機械排煙方式は安全上望ましいのだが、採用されず、社会には、安全上劣る自然排煙方式が普及することになる。これが、現状で、高齢者施設等で自然排煙方式が採用されている理由である。

一方、仮に、機械排煙のみという選択肢も法規定の中で認めるとすると、現行の別電源を持った機械排煙よりは安全性が劣るが、自然排煙よりも安全な機械排煙が採用され、機械排煙の普及が計られることになる。

ややパラドックスめいた結果だが、安全上、現行の機械排煙規定は理想だが、この理想は社会に普及することがなく、理想よりやや劣る機械排煙のみという選択肢を導入すると、機械排煙が普及し、現状よりも社会全体では安全になるということである。

8.4 社会全体の立場からの無差別曲線

前節までの議論では、排煙方式を自由に選択する施主・設計者の無差別曲線をもとに展開したものである。この議論は、より広い視点から展開することも可能である。

まず、施主・設計者という立場でなく、広くさまざまな建築の安全性や経済性を考えるという立場から考えてみよう。その場合、災害弱者が利用する建築物と一般の建築物とでは、評価判断が変化してくる。例えば、災害弱者の利用する建築物であれば、一般建築の場合にくらべ、経済性よりも安全性を重視する傾向が強くなる。この事実について無差別曲線を用いて検討してみよう。

第2章での無差別曲線の性質についての議論では、無差別曲線の接線の傾きは、安全性が1単位減少したときの経済性の増分を表していた。したがって、安全性の価値を重視するということは、安全性を1単位減少したことに見合う経済性の増分は大きなものとならなければならない。すなわち、無差別曲線の傾きは、安全性を重視するほど急勾配になっている。この事実を前提に、［自然排煙］の評価点を通過する（安全性を重視した）災害弱者の無差別

曲線（図中破線で示す）と一般建築の場合の無差別曲線（図中実線で示す）を同時に描くと図 8.3 のようになる。

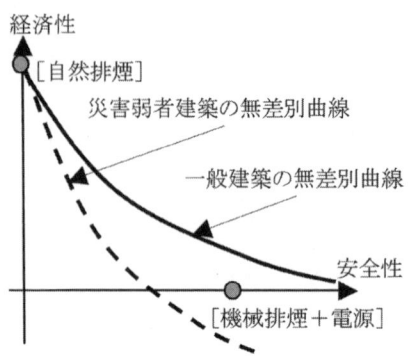

図 8.3　災害弱者建築の無差別曲線

　この場合、急勾配となった災害弱者建築の無差別曲線は、先の［機械排煙＋電源］の評価点の下側を通過する可能性が高い。結果として、一般建築としては、［機械排煙＋電源］よりも［自然排煙］の方を選択すべきとしていた判断が、災害弱者建築に関しては、［自然排煙］よりも［機械排煙＋電源］の方を選択すべきと判断されることになる。

　上記の結果は、例えば、高齢者施設の場合に限っては、［機械排煙＋電源］だけを義務づけるというような法規定の妥当性が存在していることを意味している。この点は充分検討に値することのように思われる。

8.5　計測評価方法の確立

　上記の議論には仮定があった。各方式の安全性と経済性の評価である。もしも、第 2 章で示したように、安全性と経済性の評価が適切に実施され、その結果をもとに法規準を設定することができれば、法規制の効果が実効的になる。そのためには、安全性能の計量的評価と同時に費用計測も必要である。費用の中には、建設費用など金銭的に明示できるものの他、設計の自由度の制限

なども考慮にいれた評価方法が確立しなければならないだろう。
　本章で示した無差別曲線を用いた論法は、容易に理解しやすく、他の建築安全性に関わる議論にも有効である。

文献リスト

1) Akerlof, G. A. : The Market for Lemons, Quality Uncertainty and the Market Mechanism, Quarterly Journal of Economics, Vol.84, 1970
2) Allow, K. J. and Lind, R. C. : Uncertainty and the Evaluation of Public Investments, American Review, Vol.60, 1970
3) Von Neumann, J. Morgenstern, O. : Theory of Games and Economic Behavior, Princeton Univ. Press, 1944
4) 佐藤武雄・奥田穣・高橋裕『災害論』勁草書房, 1964
5) 高橋浩一郎『災害論』東京堂出版, 1977
6) 川越邦夫・青木義次「安全論」新建築学体系『建築安全論』pp.3-20, 彰国社, 1983
7) 青木義次「安全性の経済学」『建築雑誌』Vol.93, No.1138,
8) 青木義次『建築計画・都市計画の数学』数理工学社, 2006
9) 青木義次「確率モデル」『モデル分析の手法』(日本建築学会編) pp.12-23, 1992
10) Carnap, R. and Jeffrey, R.C. : Studies in Inductive Logic and Probability, University California Press, 1971
11) Au, T., Shane R.M. and Hoel, A. : Fundamentals of System Engineering - Probabilistic Models, Addison Wesley, 1972
12) コロモゴルフ（根本伸司・一條洋訳）『確率論の基礎概念』東京図書, 1969
13) 中野清司・青木義次「安全と確率」『カラム』vol.74, 1979.9
14) 青木義次「安全と確率の認識論」『カラム』vol.101, 1986.6
15) 赤攝也『確率論入門』培風館, 1973
16) 竹内啓『数理統計学』東洋経済, 1963
17) 肥田野直・瀬谷正敏・大川信明『統計学』培風館, 1961
18) 依田浩・尾崎俊治・中川覃夫『応用確率論』朝倉書店, 1977
19) 依田浩『信頼性理論入門』朝倉書店, 1972
20) 塩見弘『信頼性工学入門』丸善, 1972
21) 斉藤嘉博『信頼性の基礎数学』東京電気代出版局, 1972
22) 塩見弘・島岡淳・石山敬幸『FMEA, FTA の活用』日科技連, 1983
23) 安田三郎・海野道郎『社会統計学』丸善, 1977

24) 矢代嘉郎「フォールトツリーによる火災の進展過程の分析」日本建築学会大会学術講演梗概集, 1982
25) Aoki, Y. : Concepts and Methods on Optimization of Fire Safety Planning, CIB Symposium, Systems Approach to Fire Safety in Buildings, 1979
26) 国土交通省住宅局建築指導課ほか『避難安全検証法の解説及び計算例とその解説』井上書院, 2001
27) 住宅品質確保研究会『住宅の品質確保の促進等に関する法律』創樹社, 2000
28) 新・建築防災計画指針編集委員会『新・建築防災計画指針』日本建築センター, 1995
29) 青木義次・藤井晴行・木下芳郎「防災計画についてのエキスパートジャッジのモデル化」日本建築学会計画系論文報告集, 第546号, pp.149-154, 2001
30) 青木義次「規制制度の機能と規定要因」『建築コスト研究』No.84, 2014.1
31) 青木義次「計画の社会的機能と状況的計画」『都市計画』No.102, pp.10-19,1978.6
32) 青木義次「防災計画における最適化」『オペレーション・レサーチ』Vol.38,No.1, pp.29-33, 1993.1
33) 青木義次「避難時間と避難速度の確率分布形」日本火災学会2007年度研究発表会概要集, pp.264-265, 2007.5
34) 青木義次「避難安全性の確率論的評価の基礎理論」日本火災学会2008年度研究発表会概要集, pp.74-75, 2008.5
35) 青木義次「開口部通過に関する避難安全性の確率論的評価」日本建築学会2008年度大会学術講演概要集, 防火, pp.59-60, 2008.9
36) 青木義次「避難安全性の確率論的評価」日本火災学会論文集, Vol.59, No.1, pp.1-8, 2009.2
37) 鄭軍植・吉村英祐「避難経路の信頼度の距離減衰を考慮した避難安全性の定量的評価について、ネットワークモデルを用いた避難経路の信頼度の分析法（その1）」日本建築学会計画系論文集, No.616, pp.71-76, 1998.6
38) 青木義次「法規制のためのコストマネジメント」『建築コスト研究』No.80, 2013.1

あとがき

　安全水準設定と安全評価の問題に関心を持つことになったのは、1970年代のことである。著者が建設省建築研究所（独立行政法人建築研究所の前身）に入所した1972年から「新耐震総プロ」が始まっていた。今日「新耐震規定」と呼ばれる1981年の建築基準法施行令改正へ向けて、構造安全規定を抜本的に見直すための総合研究プロジェクトのことである。この新耐震総プロでは、耐震壁の評価など、耐震安全性上重要な概念が導入された点で新耐震の名に相応しいものがあった。新耐震総プロが開始され1年が経過した頃、新耐震総プロのリーダーであった中野清司先生（建設省建築研究所第3研究部長、所長、東京電機大学教授を歴任）より、この研究プロジェクトに加わるよう指示される。著者は、建築構造の専門家ではなく何のことか訝っていると「個々の技術的な問題は現在の研究の流れで見通しがつく。しかし、どれだけの安全水準が必要なのか、また、安全と判断する仕方の妥当性は何かなど、分からない問題が多い。構造規定を論理的に筋が通っているものにしたい」と述べられた。ユークリッド幾何学が、自明と認めざるを得ない「公準」から演繹的に「定理」を導出するような明快な構造規定を夢見ておられた。後に、個々の構造規定の関係を明確にするための委員会を設置したとき「目標公準委員会」と命名したのも、中野先生であった。

　それから、20年程のちに、建築基準法の改正（2000年）を目指して、新構造総プロ（1995年～97年）が開始された。この研究を担当していた建設省建築研究所の大橋研究員から、新耐震総プロでやり残したことを含めて徹底的に議論したいので協力するように依頼され、安全水準の設定法を議論する分科会の主査を引き受けることになった。

　一方で、川越邦夫先生（建築研究所所長、東京理科大学教授を歴任）から火災の研究のご指導を受ける機会があり、建築火災安全の具体的問題を考えるよ

うになった。本書で取り上げた問題のいくつかは、川越先生との議論の中で話題となったものである。

　こうした経緯の中で、安全評価と安全水準設定の理論枠組みの確立が必要だと感じるようになり、自分なりに検討してきた。しかし、その道のりは遠く、本書でまとめたものは、その最小限必要な部分の一部に過ぎない。

　川越邦夫先生、中野清司先生から頂いた宿題としては、合格点に達しないが、両先生のご霊前に本書を献じたい。

2014 年 8 月

青木義次

■著者紹介

青木　義次（あおき・よしつぐ）

1946年東京生まれ。
東京工業大学工学部社会工学科卒業、建設省建築研究所研究員、カーネギーメロン大学客員助教授、東京工業大学工学部建築学科助教授を経て、1991年より教授、2012年より名誉教授、建築研究振興協会会長。
著書に、『都市変容の確率過程』（大学教育出版）、『建築計画・都市計画の数学』（理工学社）、『計画発想法』（彰国社）、『一目でわかる建築計画』（共著、学芸出版）、Sustainable Cities（共著、United Nation Univ. Press）、Decision Support System in Urban Planning（共著、F&FN SPON）、『やさしい火災安全計画』（共著、学芸出版）、『建築安全論』（共著、彰国社）など。
1991年日本建築学会賞（論文）、2006年都市計画学会論文賞受賞。

都市・建築安全性の社会工学
― 安全評価と安全水準設定の理論 ―

2014年10月20日　初版第1刷発行

■著　　者──青木義次
■発 行 者──佐藤　守
■発 行 所──株式会社 大学教育出版
　　　　　　〒700-0953　岡山市南区西市855-4
　　　　　　電話(086)244-1268㈹　FAX(086)246-0294
■印刷製本──モリモト印刷㈱
■Ｄ Ｔ Ｐ──北村雅子

© Yoshitsugu Aoki 2014, Printed in Japan
検印省略　　落丁・乱丁本はお取り替えいたします。
本書のコピー・スキャン・デジタル化等の無断複製は著作権法上での例外を除き禁じられています。本書を代行業者等の第三者に依頼してスキャンやデジタル化することは、たとえ個人や家庭内での利用でも著作権法違反です。

ISBN978-4-86429-313-6